Bernd Schmitt

Twitter

Twitter

optimal nutzen

Bernd Schmitt

Markt+Technik

ISBN 978-3-95982-222-0

Produktmanagement Christian Braun, Burkhardt Lühr
Lektorat, Herstellung Jutta Brunemann
Covergestaltung David Haberkamp
Satz inpunkt[w]o, Haiger (www.inpunktwo.de)
Druck mediaprint solutions GmbH, Paderborn
Printed in Germany

Vorwort

Twitter macht gute Laune.

Sie können auch ohne Twitter leben, aber dann macht es halt keinen Spaß. Oder weniger Spaß. Machen Sie es wie über 330 Millionen andere Menschen auf diesem Planeten. Twittern Sie mit!

Inhaltsverzeichnis

1. Was ist Twitter?

Twitter ist ein Kurznachrichtendienst ... heißt es in den Printmedien und bei diversen Social-Media-Experten. Das ist aber viel zu kurz gegriffen. Nachrichten – ob nun persönlicher oder politischer Natur – sind ja nur ein kleiner Teil dieser großartigen Bühne. Auf Twitter wird gelacht und geweint, geliebt und gestritten, geblödelt und philosophiert.

Und auf Twitter wechselt sich alles sehr schnell ab. Harmlose Sprüche, aber auch bewegende Geschichten. Manche sind ausgedacht, manche real. Einige sind so real, dass die Leserinnen und Leser dann »etwas Feuchtes im Auge haben«. So heißen die Twitter-Tränen, nachdem jemand sein Herz ausgeschüttet hat.

Hochzeiten und Todesfälle, Krankheiten und Genesungen, Kündigungen und Beförderungen: Auf Twitter wird nichts ausgelassen. Auf Twitter kommt alles zusammen. Und es kommt zusammen, wie es nur auf Twitter zusammenkommt – und im wahren Leben.

Twitter ist immer bei Ihnen:

- Sie sitzen am Morgen in der S-Bahn und langweilen sich? Twitter begleitet Sie!
- Sie möchten aktuelle Nachrichten sehen? Twitter ist schneller als die Tagesschau!
- Sie möchten sich über Ihre Lieblingsserie austauschen oder über Castingshows ablästern? Auf Twitter finden Sie Gleichgesinnte!
- Sie möchten an einer Castingshow teilnehmen? Auf Twitter finden Sie Kontakte!
- Sie möchten kotzen? Twitter reicht Ihnen den Eimer!
- Sie fühlen sich nutzlos? Twitter kann auch nutzlos sein!
- Sie wurden verlassen und Ihr Herz schmerzt? Twitter leidet mit Ihnen!
- Sie haben sich neu verliebt und Ihr Herz tanzt? Twitter freut sich mit Ihnen!

- Sie suchen Zutaten für ein feines Menü und etwas Prickelndes für danach? Twitter hat die besten Rezepte!
- Sie können nicht schlafen? Twitter ist auch wach!
- Sie suchen einen gebrauchten Schaukelstuhl oder eine Schallplatte? Auf Twitter hat immer jemand etwas übrig!
- Sie suchen etwas Nützliches? Auf Twitter finden Sie Tipps!
- Sie brauchen Hilfe oder geben Hilfe? Twitter vernetzt Sie!

Sie haben ein medizinisches Problem? Auf Twitter finden Sie dazu allerlei Diagnosen und Therapien. **Aber, um Himmels Willen, wenn Ihnen Ihr Leben lieb ist: Gehen Sie nicht in die »Twitter-Klinik«, sondern zu einer richtigen Ärztin oder einem richtigen Arzt.**

1.1 Der Name Twitter

Nicht ohne Grund hat Twitter ein Vögelchen als Logo ausgewählt. Das englische »tweeten« lässt sich im Deutschen ganz gut mit »zwitschern« übersetzen. Und genau darum geht es: nicht um lange Diskussionen, sondern um flotte Sprüche.

Das blaue Twitter-Vögelchen

Auf Twitter erwartet Sie also weder ein literarischer Zirkel noch ein philosophisches Quartett. Trotzdem ist dieses wunderbare Netzwerk auch immer wieder für Überraschungen gut. Gar nicht so selten entwickeln sich ein paar locker dahingewürfelte Sprüche zu einer tiefsinnigen Diskussion.

1.2 Die Twitter-Typologie

Wer ist auf Twitter so unterwegs? Ob Sie wollen oder nicht, diese Twitter-Typen werden Sie noch kennenlernen:

- **Der Normale:** Der Blümchen-Twitterer oder die Blümchen-Twitterin wohnt mit Familie und zwei Kindern, auf Twitter üblicherweise K1 und K2 genannt, in einer Reihenhaussiedlung. Er oder sie twittert zum Vergnügen.
- **Der Aktivist** setzt sich für eine bessere Welt ein. Und er späht permanent nach Leuten, die auf seiner Wellenlänge liegen. Er rettet das Klima, die Bienen oder die Bäume. Er ist Veganer, Radfahrer oder Vorsitzender einer Bürgerinitiative. Oder alles zusammen.
- **Der Hyperaktive** ist ebenso ein Dauer-Twitterer wie der Aktivist, allerdings ohne dessen missionarischen Eifer. Er ist einfach nur stets präsent. Frühmorgens, mittags, abends und in der Nacht. Es ist schwer zu sagen, ob er einer beruflichen Tätigkeit nachgeht. Falls ja, dann vernachlässigt er seine Pflichten zugunsten von Twitter. Hoffentlich hat er keinen systemrelevanten Job.
- **Der Kreative** ist Kabarettist, Musiker, Maler, Filmemacher oder Autor. Auf Twitter schafft er sich eine Künstlerkolonie, eine virtuelle Blase. Vielleicht verfügen Sie ja auch über die eine oder andere kreative Ader? Dann schließen Sie sich ihm an und tauschen Sie sich aus. Gemeinsam lässt sich viel auf die Beine stellen.
- **Der Twitter-Promi** ist auf Twitter prominent, sonst aber völlig unbekannt. Sie erkennen ihn an der hohen Follower-Zahl. Eingeweihte nennen diese Promis auch »Twitter-Elite«. Zu ihnen zählen beispielsweise der bekennende Obermacho Horst Hutzel und sein feminines Gegenstück, die Froschdomse. Sie werden beide noch kennenlernen, ebenso wie eine gewisse Renate Bergmann. Letztere hat übrigens den Sprung vom Twitter-Promi zum echten Promi geschafft. Fragen Sie einfach mal in Ihrer örtlichen Buchhandlung nach der »Online-Omi«.

- **Der echte Promi:** Ja, auch die richtigen Promis sind auf Twitter: Schauspieler, Musiker, Sportler, Politiker und sogar der Papst. Sie können aber nicht davon ausgehen, dass Promis ihre Tweets alle selbst verfassen, viele Stars und Sternchen lassen sich nämlich von Agenturen vertreten. Eine Ausnahme bildet der US-Präsident und Dauer-Twitterer Donald Trump. Okay, die Qualität seiner Tweets ist höchst umstritten. Aber echt sind sie alle.
- **Der Spammer** folgt Ihnen dezent und ist zunächst ein friedlicher Mitleser. Doch urplötzlich erhalten Sie von ihm eine persönliche Nachricht, in der er Ihnen »todsichere Finanztipps« gibt oder Sie völlig selbstlos an einer Erbschaft beteiligen möchte. Zum Glück bietet Twitter eine schnelle Möglichkeit, ihm für immer Lebewohl zu sagen.
- **Der Verschlossene** ist das andere Extrem des Spammers. Der scheue Geselle hat seinen Account so eingestellt, dass Sie ihm erst dann folgen können, wenn er dies bestätigt. Dafür hat er wohl seine Gründe, und die bleiben seine Privatangelegenheit. Alles in allem ist der Verschlossene ein angenehmer Twitterer – im Gegensatz zum Troll.
- **Der Troll** twittert, um andere zu ärgern. Das Stänkern ist sein Elixier. Es ist leider unvermeidlich, dass Sie ihn kennenlernen. Aber keine Sorge! In Kapitel 8 dieses Buch finden Sie gut erprobte und garantiert wirkungsvolle Troll-Abwehr-Methoden.

1.3 Der Twitter-Jargon

Sie kennen das sicher aus dem Urlaub: Wenn Sie ein paar Brocken der Landessprache sprechen, öffnen die Einheimischen ihre Herzen. Auf Twitter ist es auch so.

Dort hat sich im Laufe der Jahre eine eigene Sprache entwickelt, eine Art Klingonisch für Twitter-Süchtige. Der Schwerpunkt dieser Sprache liegt dabei auf Kurzwörtern. Verwenden Sie die folgende kleine Liste, um ein paar Brocken zu verstehen – und irgendwann auch selbst zu verwenden.

- **Bitte RT!** = Bitte retweeten. Die Aufforderung, einen Tweet weiterzuverbreiten.
- **BM** = Boardmail, auch Direct Mail oder Direktnachricht genannt. Diese kann nur zwischen zwei Usern versendet werden, die sich gegenseitig folgen.
- **CN** = Content Note. Hier warnt die Autorin oder der Autor eines Tweets vor Inhalten, die Sie verunsichern könnten, weil beispielsweise eine Gewalttat geschildert wird. Klicken Sie im Zweifelsfall nicht auf solche Tweets.
- **Der Mann** = Mein Ehemann oder Lebenspartner.
- **Die Frau** = Meine Ehefrau oder Lebenspartnerin.
- **Drukos** = Drunterkommentare, gemeint sind die ganz normalen Kommentare unterhalb eines Tweets.
- **Durchfaven** = Das Faven sehr vieler Tweets eines Users. Auf Twitter ist das ein echter Liebesbeweis.
- **Faven** = Einen Tweet »favorisieren«, also mit einem Herzen versehen. Der Begriff stammt noch aus der Zeit vor 2016. Damals wurden auf Twitter noch Favorisierungs-Sternchen statt Herzen vergeben. Das Icon hat sich geändert, aber der Begriff blieb.
- **FF** = Follow Friday. An diesem Wochentag sind die Twitterer mehr als sonst dazu geneigt, anderen Usern zu folgen.
- **Isso** = Die Kurzform von »Es ist einfach so«. Gemeint ist: Findet euch damit ab. Basta!
- **K1** = Das erstgeborene Kind.
- **K2** = Das zweitgeborene Kind.
- **Liken** = Einen Tweet mögen und deshalb mit einem Herzchen versehen. Ältere Twitterer sagen statt Liken noch Faven.
- **Made my Day** = Dieser Tweet hat »meinen Tag gemacht«. Die Bedeutung: Ein Tweet oder eine Antwort versüßt einem Leser den ganzen Tag.
- **Mention** = Eine Erwähnung durch einen anderen Twitterer.
- **Mutuals** = Twitterer, die sich gegenseitig folgen.

- **Orrr!** = Dieses Twitter-typische Füllwort drückt je nach Kontext entweder Erstaunen oder Zustimmung aus. Oder irgendwas Elektrisches. Oder irgendwas anderes.
- **Penis!** = Ein Twitter-typischer Zwischenruf ohne jegliche Bedeutung. Bitte interpretieren Sie da nichts hinein! Wenn Sie mutig sind, twittern Sie dieses Wort einmal ... aber wirklich nur ein einziges Mal.
- **PM** = Personal Message, siehe BM.
- **Reply** = Eine Antwort auf einen Tweet.
- **RFH** = Reply from Hell, auf Deutsch »eine Antwort aus der Hölle«. Gemeint ist eine geschmacklose Antwort auf einen Tweet.
- **Timeline** = Die Tweets, die einem User angezeigt werden. Das Wort Timeline (Zeitleiste) weist darauf hin, dass die jüngeren Tweets oben angezeigt werden. Die älteren verschwinden damit aus dem Blickfeld.
- **TW** = Trigger-Warnung, siehe CN.
- **Twitter-Elite** = Twitterer mit sehr vielen Followern, die aber außerhalb von Twitter nicht prominent sind.

Falls Sie sich fragen, warum Twitterer so gerne und so viele Abkürzungen verwenden: Das liegt an der Begrenzung von 280 Zeichen pro Tweet. Die (Platz-)Not macht die Twitter-Poeten erfinderisch!

1.4 Twitter-Sucht

Sie werden jetzt vielleicht noch darüber lachen, aber Twitter kann Ihnen auch gefährlich werden. Das Netzwerk hat nämlich ein derartiges Suchtpotenzial, dass Sie im Extremfall Schäden davontragen können! Was droht:

- **Physische Schäden.** Ein durchaus bekanntes Phänomen ist der sogenannte Twitter-Finger, eine starke Schwellung, verursacht durch die immer gleiche Bewegung beim Durchklicken der Tweets. Das ist nicht ironisch gemeint. Das Phänomen ist so real wie der Tennis-Ellenbogen. Legen Sie deshalb Pausen ein, um Dauerbelastungen zu vermeiden. Abhilfe schafft auch der Wechsel der Eingabegeräte, zum Beispiel vom Smartphone zum Laptop.

- **Psychische Schäden**. Auf Twitter wird niemand bestreiten, dass Einhörner existieren. Trotzdem erhalten Sie in der realen Welt dafür keine Reitstunden. Nehmen Sie also nicht alles für bare Münze, was die Twitter-Community so von sich gibt.

Wenn Sie stark abhängig sind, verbringen Sie unbemerkt mehrere Stunden oder auch den ganzen Tag in Ihrer Timeline – obwohl Sie eigentlich »nur noch den einen« Tweet abschicken wollten. Was dagegen hilft:

- Nehmen Sie das Problem ernst!
- Führen Sie auf dieser Website einen Selbsttest durch: https://erstehilfe-internetsucht.de/
- Nehmen Sie gegebenenfalls externe Hilfe in Anspruch.

1.5 Twittern im Büro

Sie möchten im Büro twittern, also *hust* während der Arbeitszeit? Okay, wenn es denn sein muss. Aber prüfen Sie zunächst, ob Sie für ein Unternehmen oder eine Behörde tätig sind. Dann teilen Sie sich Ihre Twitter-Zeit anhand der folgenden Tabelle ein:

	Behörde	Unternehmen
Twittern während der Arbeitszeit	Ja	Nein
Twittern in der Pause	Nein	Ja

PS: Lassen Sie diese Buchseite nicht offen auf Ihrem Schreibtisch liegen!

2. PS: Weder der Autor dieses Buches noch der Markt+Technik Verlag haften für etwaige Folgen Ihrer Büro-Twitterei.

3. PS: Sie arbeiten auch wirklich in einem Büro und nicht in einem Atomkraftwerk – oder?

2. Einen Account anlegen

Zum Anlegen eines Twitter-Accounts haben Sie verschiedene Möglichkeiten:

- Sie legen Ihren Account über einen Computer oder Laptop an. Dazu benötigen Sie nur eine Internetverbindung. Sonst nichts.
- Sie legen Ihren Account über Ihr Smartphone an. Dazu müssen Sie, wenn die Sache halbwegs komfortabel ablaufen soll, zunächst die Twitter-App installieren.

2.1 Der Königsweg zu Twitter

Am besten gehen Sie in dieser Reihenfolge vor:

1. Sie legen Ihren Twitter-Account über einen Computer oder Laptop an. Dafür müssen Sie nichts installieren.
2. Sie hübschen Ihren Account über den Computer auf, fügen also ein Profilbild, ein Headerbild und einige persönliche Informationen hinzu.
3. Sie twittern am Anfang vom Computer aus.
4. Sobald Sie ein bisschen mit Twitter vertraut sind, installieren Sie die Twitter-App auf Ihrem Smartphone.
5. Einen Extra-Account für das Smartphone müssen Sie nicht mehr anlegen. Sie loggen sich mit Ihrem bereits bestehenden Account auf dem Smartphone ein.
6. Ab jetzt twittern Sie nach Lust und Laune entweder vom Computer oder vom Smartphone aus. Beide Geräte haben ihre Vor- und Nachteile. Am Computer haben Sie eine komfortable Tastatur und können leichter einen Link in einen Tweet einfügen. Das Smartphone ist dagegen bequemer, um ein Bild oder ein Video zu twittern – vor allem, wenn Sie oft von der Kamera-Funktion Gebrauch machen.

2.2 Bei Twitter registrieren

Werfen Sie Ihren Computer an, surfen Sie auf twitter.com und blicken Sie auf das, was Ihnen bald viel Vergnügen bereitet. Und manchmal auch Verzweiflung und Haare raufen.

- In der großen Mittelspalte sehen Sie den Nachrichtenstream, auch Timeline genannt. Dort werden die Tweets angezeigt. Die neusten Nachrichten stehen oben.
- In der linken Spalte können Sie einige Einstellungen vornehmen. Ihre Möglichkeiten sind allerdings sehr begrenzt, solange Sie noch keinen eigenen Account haben.
- In der rechten Spalte können Sie Ihren Status ändern – vom Gast zum registrierten User.

Was Sie jetzt tun müssen: den Gaststatus beenden und Ihren persönlichen Twitter-Account anlegen. Klicken Sie dazu in der rechten Spalte auf den großen blauen Button *Registrieren*. Der Anmeldebutton hilft Ihnen dagegen im Moment noch nicht weiter. Der Unterschied zwischen *Anmelden* und *Registrieren*:

- **Anmelden** = mit einem bereits existierenden Konto einloggen.
- **Registrieren** = ein neues Konto erstellen.

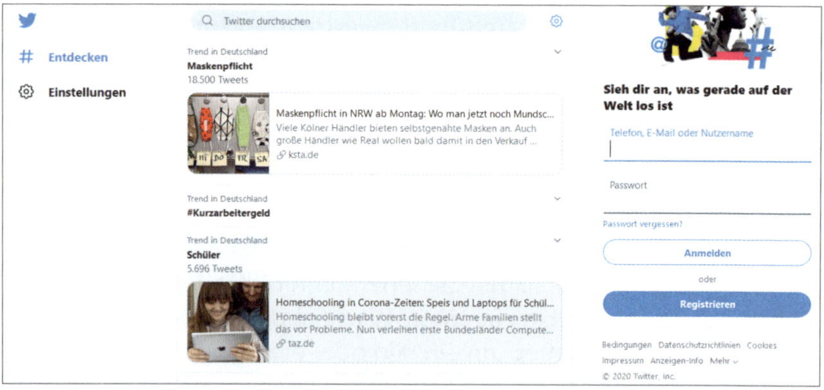

Registrierung eines Accounts auf www.twitter.com

Nach dem Klick auf *Registrieren* öffnet sich das Fenster *Konto erstellen*. Damit legen Sie ein Twitter-Konto an; manche Leute sagen auch Twitter-Account dazu.

2.3 Ein Konto anlegen

Ihre Bankverbindung müssen Sie für ein Twitter-Konto zwar nicht verraten, aber um ein paar persönliche Daten kommen Sie nicht herum.

Im Registrierungsfenster können Sie zwischen zwei Alternativen wählen:

- Konto erstellen mit Name und Telefonnummer.
- Konto erstellen mit Name und E-Mail.

Voreingestellt ist die Telefonnummer-Option. Klicken Sie auf *E-Mail verwenden*, falls Sie Ihre Telefonnummer nicht preisgeben möchten.

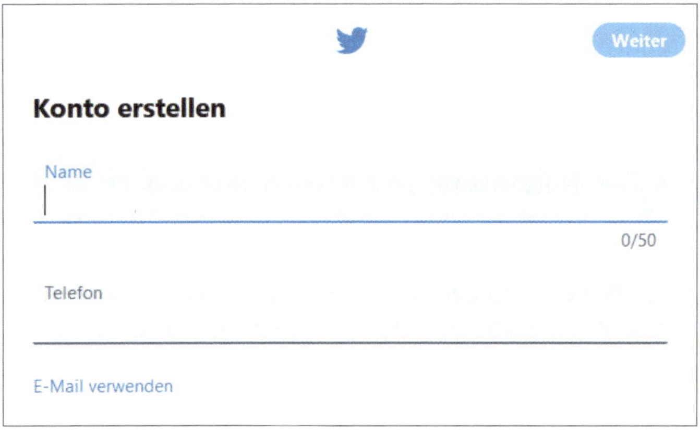

Die Registrierungsmaske von Twitter

Was Sie in jedem Fall brauchen: einen Namen für Ihr Twitter-Konto. Auf Twitter besteht ein Name, zum Beispiel *ichmagkekse@kruemelmanager*, immer aus zwei Teilen:

- Dem vorderen Teil, also *ichmagkekse*. Dieser Teil nennt sich *Profilname*.
- Dem hinteren Teil, also *@kruemelmanager*. Dieser Teil nennt sich *Nutzername*.

Das @-Zeichen ist verpflichtend und gehört zum Nutzernamen. Möglich ist auch eine Gleichheit von Profil- und Nutzername.

Beispiele:

- *kruemelmanager@kruemelmanager*
- *ichmagkekse@ichmagkekse*

Die identische Verwendung von Profil- und Nutzernamen ist Geschmackssache. Der Vorteil dieser Namensgebung liegt darin, dass sich andere Ihren Namen dann leichter merken können.

Der wichtigere Teil ist in jedem Fall der Nutzername. Deshalb sollten Sie sich diesen vor der Registrierung gut überlegen. Haben Sie dabei folgende Faustregel für Namensänderungen im Hinterkopf:

- **Profilname:** Der Profilname lässt sich jederzeit unkompliziert und ohne Risiko ändern.
- **Nutzername:** Der Nutzername sollte selten und nur im Notfall geändert werden. Twitter reagiert nämlich allergisch auf häufige Änderungen des Nutzernamens. Wer zu oft davon Gebrauch macht, riskiert Ärger. Die ultimative Katastrophe wäre der Verlust des Accounts einschließlich aller mühsam aufgebauten Follower. Verwenden Sie also etwas Zeit für die Suche nach dem Namensteil hinter dem @.

Prominenten-Namen und Satire-Accounts

Einige Politiker fordern zwar die Pflicht für die Verwendung von Klarnamen im Internet, aber nach wie vor gilt in Deutschland und im Rest der Welt auf Twitter: Jeder kann, muss sich aber nicht mit dem bürgerlichen Namen registrieren. Achten Sie aber trotzdem darauf, nicht unter falscher Flagge zu twittern.

Bei einer problematischen Namenswahl lauern diese Gefahren auf Sie:

- Rechtliche Probleme, beispielsweise mit Markeninhabern und Prominenten.
- Sperrungen durch Twitter.

Einen Parodie-Account, sprich einen Account, der eine gewisse Ähnlichkeit mit lebenden Personen aufweist, dürfen Sie auf Twitter anlegen. Es muss allerdings zweifelsfrei erkennbar sein, dass Sie nicht mit der parodierten Person in Verbindung stehen. Ein zu ähnlicher Name widerspricht den Richtlinien für Parodie-Accounts. Beispiele für einen verbotenen und einen erlaubten Namen:

- Was Twitter als Parodie-Name nicht erlaubt: *bundeskanzleramt@angelamerkel*
- Was Twitter erlaubt: *parodieamt@angiemerky*

Fan-Accounts

Ähnliche Regeln gelten für Fan-Accounts. Sie schwärmen für eine Band, einen Verein oder eine Firma und möchten dazu einen Account betreiben? Dann stellen Sie sicher, dass Sie nicht mit der offiziellen Präsenz verwechselt werden, zum Beispiel durch Namenszusätze wie »Fan«, »Inoffiziell« oder »Anwender«.

Weitere Informationen zu Parodie- und Fan-Accounts finden Sie in der Twitter-Hilfe, und zwar hier: https://help.twitter.com/de/rules-and-policies/parody-account-policy.

Was Sie, unabhängig vom Namen, aus rechtlichen Gründen beim Betrieb eines Parodie-Accounts beachten müssen: Sie dürfen Promis gerne in ihrer Rolle als Politiker, Amtsträger oder Künstler auf die Schippe nehmen.

Zurückhaltung ist aber bei der Privatsphäre nötig, und völlig tabu ist die Intimsphäre. Auch Zeitgenossen, die sich im Rampenlicht bewegen, genießen den Schutz ihrer Persönlichkeitsrechte.

2.4 Die Registrierung starten

Nun aber Schluss mit dem Vorgeplänkel! Haben Sie Ihren Twitter-Namen wohlüberlegt, vor allem den Teil nach dem @? Dann geben Sie ihn in die Registrierungsmaske ein. Im folgenden Beispiel wurde die Registrierung mit Name und E-Mail-Adresse gewählt.

Eingabe von Name und E-Mail in die Registrierungsmaske

Eingabe der Registrierungs-Mailadresse

Für die Registrierung benötigen Sie – falls Sie sich nicht für die Telefon-Option entschieden haben – eine E-Mail-Adresse. Geben Sie hier auf jeden Fall eine reale und funktionierende Adresse ein, das heißt:

- Sie – und nur Sie – haben Zugriff auf diese E-Mail-Adresse.
- Die E-Mail-Adresse ist intakt. Ein kleiner Tipp: Populäre Maildienste wie web.de und gmx.de schalten inaktive E-Mail-Accounts nach einer Weile ab. Prüfen Sie, ob die E-Mail-Adresse, mit der Sie sich bei Twitter registrieren möchten, noch aktiv ist. Machen Sie den Praxistest und loggen Sie sich vor der Twitter-Registrierung im betreffenden E-Mail-Account ein.

Vertippen Sie sich nicht bei der Eingabe auf Twitter. Die Mailadresse ist besonders wichtig, falls Sie das Passwort für Ihren Twitter-Account vergessen haben. In diesem Fall können Sie nämlich über Ihre Mailadresse ein neues erhalten. Außerdem brauchen Sie den Zugriff jetzt gleich für den Abschluss der Registrierung. An diese Adresse sendet Ihnen Twitter nämlich, sobald Sie auf den blauen *Weiter*-Button geklickt haben, einen sechsstelligen Verifizierungscode.

Den Verifizierungscode abrufen

Gehen Sie nach der Namenseingabe in Ihr E-Mail-Postfach und rufen Sie den Verifizierungscode ab, den Ihnen Twitter in einer E-Mail gesendet hat. Falls Sie keine E-Mail in Ihrem Posteingang sehen, kann das zwei Ursachen haben:

- Mit geringer Wahrscheinlichkeit haben Sie sich bei der Eingabe der Mailadresse vertippt. In diesem Fall müssen Sie die Registrierung bei Twitter wiederholen.
- Mit hoher Wahrscheinlichkeit ist die Mail von Twitter im Spam gelandet. Sehen Sie im Spamordner Ihres Postfachs nach und fischen Sie die E-Mail von Twitter dort heraus.

Den Verifizierungscode haben Sie nun abgerufen? Dann gehen Sie wieder zu Twitter und geben ihn dort ein.

Den Verifizierungscode eingeben

Eingabe des Verifizierungscodes auf Twitter

Achtung: Sie haben nur zwei Stunden Zeit, um den sechsstelligen Verifizierungscode einzugeben. Nach der Eingabe müssen Sie dann noch den Nutzungsbedingungen zustimmen.

Die E-Mail-Adresse parat haben

Nicht nur Twitter, auch andere Internetdienste sind im Vergleich zu früher sehr viel sicherheitsbewusster geworden. Deshalb kontrollieren sie beim Log-in nach bestimmten Ereignissen die Identität. Beispiel: Sie haben sich einen neuen Laptop gekauft. Nun greifen Sie zum ersten Mal von diesem neuen Gerät auf einen Account zu. Daraufhin verlangt Twitter, dass Sie zunächst einen Link in einer automatisch versendeten Mail anklicken, um Ihre Identität zu bestätigen. Es ist deswegen eine gute Idee, die zum Account zugehörige E-Mail-Adresse einschließlich Kennwort immer parat zu haben.

Passwort wählen

Der letzte Schritt besteht in der Eingabe eines Passworts für Ihren Twitter-Account. Die Mindestlänge beträgt sechs Zeichen. Verwenden Sie aber bitte ein längeres Passwort. Bauen Sie außerdem zur Erhöhung der Sicherheit ein paar Sonderzeichen ein, und verwenden Sie nichts, was im Duden steht. »Normale« Wörter werden nämlich leicht erraten.

- Beispiel für ein ebenso häufig verwendetes wie völlig unsicheres Passwort: 123456. Bitte auf keinen Fall nachmachen!
- Beispiel für ein unsicheres Passwort: käsekuchen. Bitte auch nicht nachmachen!
- Beispiel für ein sicheres Passwort: 2K@seK;chn. Bitte nachmachen! Aber nicht genau dieses.

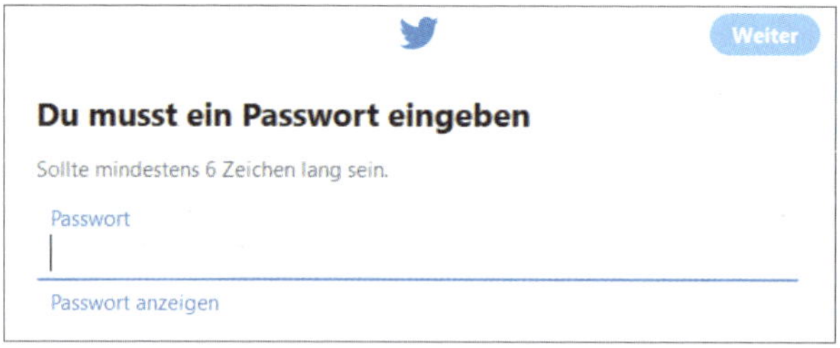

Eingabe des Passworts

Nach der Eingabe des Passworts haben Sie es geschafft. Nun sind Sie ein Teil der wunderbaren Twitter-Community und können nicht nur fremde Tweets lesen, sondern auch eigene schreiben.

Twitter läuft

Theoretisch können Sie sich jetzt gleich ins Getümmel stürzen. Ratsam ist das allerdings nicht, denn Sie sind ja, frisch aus dem Ei geschlüpft, noch völlig nackt! Das gehört sich nicht, nicht einmal auf Twitter. Vor dem ersten Tweet heißt es deshalb, das Profil einzukleiden und aufzuhübschen.

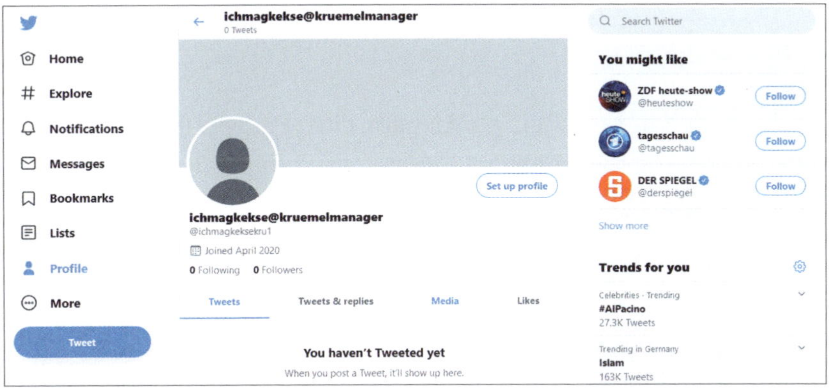

Der Twitter-Account wurde frisch angelegt.

Immer eingeloggt sein?

Die meisten Twitterer zwitschern täglich oder mehrmals täglich. Und die völlig Abhängigen auch stündlich. Da ist es natürlich ganz praktisch, immer eingeloggt zu sein. Sie sollten aber auf jeden Fall vermeiden, dass eine fremde Person Ihren Account übernimmt. Loggen Sie sich deshalb immer aus, wenn Sie über ein Gerät twittern, das auch von anderen Personen verwendet wird.

3. Den Account hübsch machen

Was Sie noch vor dem ersten Tweet tun sollten:

- **Profilbild hinzufügen:** Das Profilbild muss unbedingt sein!
- **Headerbild hinzufügen:** Das Headerbild sollte sein!
- **Informationen zu Ihrem Profil hinzufügen:** Zumindest ein Motto wäre schön!

Falls Sie jetzt etwas falsch machen, ist das überhaupt kein Problem. Sie können Ihr Profilbild, Ihr Headerbild und die Informationen zu Ihrem Account jederzeit problemlos ändern. Los geht's mit dem absolut wichtigsten Erkennungsmerkmal auf Twitter – Ihrem Profilbild.

3.1 Profilbild hinzufügen

Auf unseriöse Twitterer können Sie verzichten. Bevor Ihnen aber seriöse Userinnen und User folgen, wollen diese wissen, mit wem sie es zu tun haben. Was sofort ins Auge springt, ist Ihr Profilbild. Eine attraktive, gerne auch originelle Optik trägt dazu bei, Sympathien beim Publikum zu gewinnen. Die Idealmaße:

- Ein quadratisches Format.
- Empfohlen sind 400 x 400 Pixel.

Falls Ihr Bild größer ist, ist das aber kein Problem. Sie können nach dem Hochladen nämlich einen für das Twitter-Maß passenden Ausschnitt wählen. Die Optik liegt dabei ganz in Ihrer Hand. Sie können, müssen aber kein reales Porträt einsetzen. Wählen Sie das, was Ihnen am besten gefällt. Zum Beispiel:

- Ein Selfie.
- Ein Bild von Ihrer Katze, Ihrem Hund oder Ihrem Pferd. Es darf aber auch ein Tier sein, das Sie im Zoo oder in freier Wildbahn fotografiert haben.

- Eine Pflanze oder ein Landschaftsfoto. Denken Sie aber daran, dass das Profilbild relativ klein dargestellt wird. Günstig ist ein klares Motiv mit einem hohen Wiedererkennungswert.
- Ein Bild, das etwas mit Ihrem Namen zu tun hat.

Was ist attraktiv?

Twitter ist nicht Instagram, zum Glück. Sie müssen sich also nicht an Topmodel-Bildern messen. Es ist auch völlig in Ordnung, wenn Sie einen Putzeimer, einen Nachttopf oder einen Kuhfladen als Profilbild wählen. Oder irgendetwas, das es in einem Trödelladen zu kaufen gibt.

Vielleicht nutzen Sie auf Ihrem Computer ein edles Grafikprogramm wie Photoshop oder eine kostenlose Alternative wie GIMP? Dann können Sie Ihr Profilbild vor dem Hochladen auf Twitter noch etwas nachbearbeiten.

Falls nicht, dann ist das auch kein Problem. Laden Sie einfach mal irgendein Bild auf Ihr Twitter-Profil hoch. Auswechseln können Sie es jederzeit und relativ unkompliziert. Im Beispiel wird ein Bild hochgeladen, das zum Account-Namen passt, ein Keksbild.

Die Schritte zum Profilbild:

1. Überprüfen Sie, ob Sie bei Twitter eingeloggt sind. Falls nicht, geben Sie in der rechten Spalte Ihre Zugangsdaten ein und klicken dann auf *Anmelden*.
2. Klicken Sie in der linken Twitter-Spalte auf den Menüpunkt *Profile*.
3. Wählen Sie dann *Edit Profile*.
4. Klicken Sie im kleinen runden Feld auf das Symbol mit dem Fotoapparat.
5. Laden Sie das Profilbild von Ihrem Computer auf Twitter hoch.

Ausschnitt für Profilbild wählen

Nach dem Hochladen haben Sie noch die Möglichkeit, das Bild zu skalieren. Anschließend klicken Sie rechts oben auf den Button *Apply* und überprüfen das Ergebnis.

Das Profilbild wird vom Computer auf Twitter hochgeladen.

Nun sieht Ihr Twitter-Profil schon viel appetitlicher aus. Aber hinter dem kleinen, runden Profilbild muss auch das große, rechteckige Headerbild einen guten Eindruck hinterlassen. Weiter geht es mit dem Aufhübschen ...

Das hochgeladene Profilbild wird auf Twitter angezeigt.

3.2 Headerbild hinzufügen

Die Idealmaße für das Headerbild:

- Ein rechteckiges Format.
- Von Twitter empfohlen sind 1.500 x 500 Pixel.

Wie schon beim Profilbild gilt: Größer geht immer. Wenn Ihr Bild die Maße übersteigt, können Sie nach dem Hochladen einen Ausschnitt wählen. Probleme kann es aber mit zu kleinen Bildern geben. Twitter skaliert das Bild dann nämlich hoch. Auf einem Smartphone macht sich die Skalierung zwar wenig bemerkbar, aber falls jemand mit einem Computer oder Laptop auf Twitter unterwegs ist, wird Ihr Headerbild dann unscharf dargestellt.

Tipp: Wählen Sie ein Headerbild, das thematisch zu Ihrem Profilbild passt. Bei einem Keks wären das noch mehr Kekse. Die nächsten Schritte kennen Sie größtenteils schon:

1. Klicken Sie in der linken Spalte auf den Menüpunkt *Profile*.
2. Wählen Sie danach *Edit Profile*.
3. Klicken Sie im großen, eckigen Feld auf das Symbol mit dem Fotoapparat.
4. Laden Sie das Headerbild von Ihrem Computer auf Twitter hoch.

Das kleine, runde Profilbild und das Headerbild dahinter sind in Harmonie.

Dann wählen Sie noch, falls Ihr Originalbild größer als 1.500 x 500 Pixel ist, einen Bildausschnitt. Prüfen Sie nun das Ergebnis: Wo früher nur eine graue Fläche war, sollte nun Ihr persönlicher Header zu sehen sein.

3.3 Twitter eindeutschen

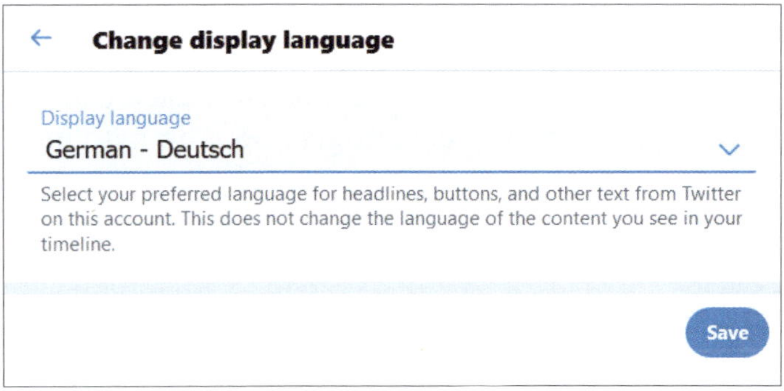

Die Anzeigesprache von Twitter einstellen.

Werden Sie, wie im obigen Beispiel, von Twitter immer noch auf Englisch angesprochen? Dann ist es an der Zeit, die Sprache umzustellen. Klicken Sie dazu in der linken Spalte auf *More* und dann auf *Settings and Privacy*. Unter *Display Language* wählen Sie nun Ihre bevorzugte Sprache aus.

Ab jetzt spricht Twitter Deutsch mit Ihnen, das heißt konkret:

- Überschriften, Buttons und Menüs von Twitter werden Ihnen auf Deutsch angezeigt.
- Die von Ihnen eingestellte »Twitter-Sprache« hat keinen Einfluss auf die Inhalte in Ihrer Timeline. Sie können also weiterhin Tweets in jeder beliebigen Sprache lesen.
- Die Übersetzung der Tweet-Inhalte nimmt Twitter zwar nicht automatisch vor, aber Sie finden in jedem fremdsprachigen Tweet den Link *Tweet übersetzen* eingeblendet. Wenn Sie darauf klicken, wird der Tweet doppelt angezeigt – in der Originalsprache und darunter

auf Deutsch. Möglich wird dies durch eine Kooperation von Twitter und dem Übersetzungsdienst *Google Translate*. Sie müssen also nicht mehr, wie Generationen von Usern vor Ihnen, einen Tweet manuell bei https://translate.google.com/ eingeben, um eine Übersetzung zu erhalten.

3.4 Informationen zu Ihrem Profil hinzufügen

Sie haben Ihr Profil mit einem Profilbild und einem Headerbild bestückt. Und Twitter spricht in Ihrer bevorzugten Sprache mit Ihnen. Okay, was jetzt noch vor dem ersten eigenen Tweet fehlt, ist die sogenannte Biografie.

Die Biografie

Zum Anlegen einer Biografie klicken Sie auf *Profil/Profil bearbeiten/Biografie*. Keine Sorge, Sie müssen und sollen hier nicht Ihren gesamten Lebenslauf hineinschreiben. Die meisten Twitterer nehmen die Sache ohnehin mit Humor. Es ist völlig in Ordnung, wenn Sie sich hier als Einhornzüchterin oder Leiter einer Mars-Mission titulieren. Oder, wie in unserem Beispiel, als staatlich geprüfter Keks-Sommelier.

Vielleicht betreiben Sie aber auch eine andere Präsenz im Internet, zum Beispiel eine eigene Website oder einen Account in einem anderen Social-Media-Netzwerk? Falls Sie andere darauf hinweisen möchten, können Sie das Biografie-Feld dafür nutzen. Ein Link ist hier nämlich erlaubt.

Beispiel: *Wer mehr wissen will, klickt auf https://meinewebsite.de.*

Weitere Informationen

Wenn Sie möchten, können Sie unterhalb des Biografie-Felds noch einige weitere Informationen hinzufügen. Sie brauchen es aber am Anfang nicht zu übertreiben.

Die Faustregel:

- Wer Ihnen folgen möchte, achtet auf Ihr Profilbild, Ihr Headerbild und Ihre Biografie. Ohne diese drei Basics ist der Follower-Aufbau eine quälende Angelegenheit.
- Alle anderen Informationen können am Anfang vernachlässigt werden. Sie können, müssen jetzt aber keine weiteren Informationen hinzufügen.

Ort

Wenn Sie bei *Profil/Profil bearbeiten/Standort* einen Ort eingeben, zeigt Ihnen Twitter etwas mehr regionale Tweets als üblich. Und auch die von Ihnen verfassten Tweets werden etwas häufiger bei Twitterern aus Ihrer Region eingeblendet. Nutzen Sie diese Möglichkeit, wenn Ihnen die Verbindung mit Usern aus Ihrem Ort besonders wichtig ist.

Website

In diesem Feld haben Sie eine zweite Möglichkeit, einen Link zu platzieren.

Dabei gilt:

- Sie haben schon im Biografie-Feld auf Ihre Website verlinkt? Das macht nichts, denn doppelt hält besser.
- Sie betreiben gar keine Website? Das macht auch nichts, lassen Sie das Feld einfach leer.

3.5 Twitter auf dem Smartphone

Früher oder später wollen Sie Twitter auch auf dem Smartphone nutzen. Wenn Sie bereits einen Account besitzen, benötigen Sie dazu keinen neuen. Gehen Sie also nicht auf *Registrieren*, sondern auf *Anmelden*, und geben Sie Ihre Zugangsdaten ein.

Twitter auf dem Smartphone

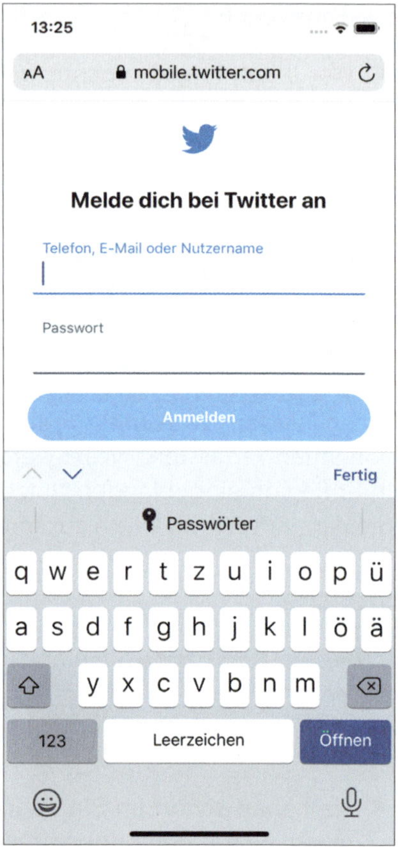

Anmeldung auf Twitter mit dem Smartphone

Die Twitter-App verwenden

Für die mobile Nutzung, also das Twittern mit dem Smartphone, gibt es zwei Möglichkeiten:

- Nutzung der Seite mobile.twitter.com.
- Installation und Nutzung der Twitter-App.

Bequemer ist die Verwendung der Twitter-App. Damit haben Sie nämlich eine sehr komfortable Möglichkeit, Bilder und Videos zu twittern. Alles, was sich an unbewegten und bewegten Bildern auf Ihrem Smartphone befindet, lässt sich mit nur wenigen Klicks auch auf Twitter platzieren.

Twitter auf dem Smartphone. Die Twitter-App bietet den bequemen Zugriff auf alle Funktionen.

Die Twitter-App installieren Sie je nach Typ Ihres Smartphones von der üblichen Quelle:

- Bei Android-Smartphones über den Google Play Store.
- Beim iPhone über den App Store.

Bezahlen müssen Sie dafür nichts, denn die App ist ebenso kostenlos wie Twitter selbst. Ein Tipp für iPhone-User: Im App Store werden Sie in der Regel dazu gezwungen, Ihre Kreditkartendaten oder Daten für andere Zahlungsarten einzugeben. Lassen Sie sich davon nicht verunsichern. Seien Sie aber auf der Hut, wenn Twitter Ihnen vorschlägt, einen Tweet zu bewerben; das passiert, sobald Sie das Statistik-Symbol zu einem Tweet aufrufen.

Die Bewerbung von Tweets ist natürlich nicht kostenlos. Wenn Sie einen Tweet als Anzeige verbreiten, greift Twitter auf die von Ihnen zur Verfügung gestellten Zahlungsdaten zurück – und bucht Geld von Ihrem Konto ab.

Nach der Installation der Twitter-App können Sie Twitter auch mobil bequem nutzen. In der Bedienung unterscheiden sich Android-Smartphones und iPhones dabei kaum.

Das Hauptmenü auf dem Smartphone öffnen

Auf dem Smartphone ist es am Anfang gar nicht so einfach, zum Hauptmenü zu finden. Mit diesen zwei Schritten klappt es auf allen Systemen:

1. Tippen Sie zuerst unten ganz links auf das Häuschen.
2. Im zweiten Schritt tippen Sie dann oben ganz links auf Ihr Profilbild.

4. Die Twitter-Basics: vom Tweeten zum Kommentieren

In diesem Kapitel lernen Sie die fünf wichtigsten Knöpfe von Twitter kennen. Diese Brot-und-Butter-Funktionen brauchen Sie täglich:

- Tweeten
- Folgen
- Retweeten
- Liken
- Kommentieren

Ein Tipp für Neu-Twitterer: Verzetteln Sie sich nicht und beschränken Sie sich in Ihren ersten Twitter-Tagen auf genau diese fünf Funktionen.

4.1 Tweeten

Ein Tweet ist nichts anderes als eine Nachricht mit maximal 280 Zeichen. Für dieses Limit gibt es zwar heute, anders als in der Frühzeit von Twitter, keinen technischen Grund mehr, doch in der Beschränkung liegt der Reiz und die Herausforderung. Auf Twitter werden keine Opern erzählt. Wer etwas zu sagen hat, bringt seine Message auf den Punkt.

Den ersten Tweet verfassen Sie mit einem Klick auf »Jetzt twittern«.

Auf dem Computer haben Sie zwei Möglichkeiten, um zum Eingabefenster zu gelangen. Entweder klicken Sie in der Mittelspalte auf den blauen Button *Jetzt twittern* oder in der linken Spalte auf *Twittern*.

Auf dem Smartphone klicken Sie auf das runde Icon mit dem edlen Federkiel, um das Eingabefenster zu öffnen.

Auf dem Smartphone öffnet sich das Eingabefenster über das runde blaue Icon mit der Feder.

Das Eingabefenster

Es öffnet sich nun das Tweet-Eingabefenster. Sie können darin Texte erstellen, aber auch Bilder einfügen oder Inhalte einbetten, die sich außerhalb von Twitter befinden, beispielsweise YouTube-Videos. Und natürlich können Sie sich auch an allen Emoticons bedienen, die Ihnen Twitter zur Verfügung stellt.

Den ersten Tweet erstellen

Wenn Sie sich einen kleinen Spaß erlauben möchten, dann starten Sie Ihre Twitter-Präsenz mit einem bewusst deplatzierten »Hallo Facebook!« Twitterer haben Humor und werden Ihnen »die Verwechslung« verzeihen. Aber natürlich darf es auch das klassische »Hallo Welt« oder etwas Persönliches sein.

Sie haben Ihren allerersten Text beisammen? Okay, dann garnieren Sie ihn, wenn Sie möchten, noch mit einem Emoticon, also einem kleinen Bildchen. Klicken Sie unterhalb des Textfelds auf den freundlichen Smiley und wählen Sie etwas Passendes aus.

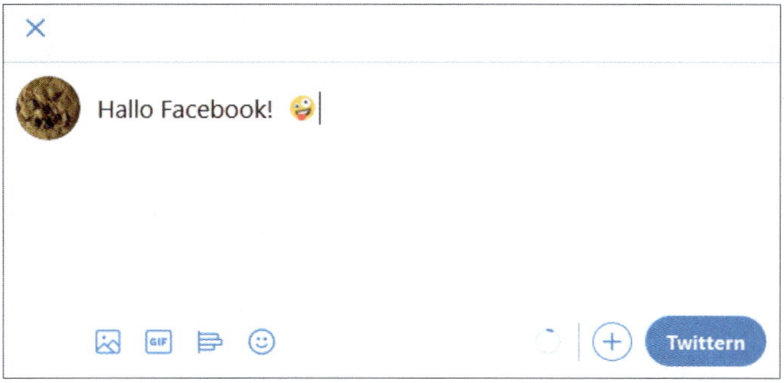

Der erste Tweet wird erstellt.

Den ersten Tweet absenden

Nun ist der Tweet erstellt, aber noch nicht abgesendet. Was Sie jetzt noch tun müssen: auf den blauen Button *Twittern* klicken, um das Ganze auch zu veröffentlichen.

Okay, Sie haben einen ersten eigenen, kleinen Beitrag zum riesigen Twitter-Universum geleistet. Allerdings sind Sie jetzt noch ein Rufer in der Wüste, denn gelesen werden Sie nur von Ihren Followerinnen und Followern – und die kommen am Anfang nicht von allein. Sie müssen selbst aktiv werden, Sie müssen die ersten Schritte tun. Das heißt konkret: Sie müssen erst mal anderen folgen.

4.2 Folgen

Die Anhänger – und damit auch die Leser eines Twitterers – werden auch als Follower bezeichnet. Nach dem Anlegen eines Accounts hat ein User genau null Follower, seine Tweets werden also gar nicht zur Kenntnis genommen. Deshalb ist es wichtig, und zugegebenermaßen auch etwas mühsam, eine eigene Followerschaft aufzubauen.

In den ersten Tagen und Wochen funktioniert das am besten auf diese Art und Weise: Sie folgen anderen, damit diese Ihnen zurückfolgen.

Gehen Sie dabei aber nicht wahllos vor, sondern lassen Sie sich von Ihren persönlichen Interessengebieten leiten. Ob Tiere, Technik, Politik, Sport oder Kunst – Sie finden für alle Interessen eine sogenannte Twitterblase.

Ein Klick auf den Folgen-Button löst eine Followerschaft aus.

Nach Interessengebieten suchen

Stöbern Sie ein wenig herum, entweder in den Ihnen angezeigten Tweets oder in persönlichen Vorschlägen, die Ihnen in der Rubrik *Was dir gefallen könnte* angezeigt werden. Sie können Twitter aber auch selbst mitteilen, welche Interessen Sie verfolgen.

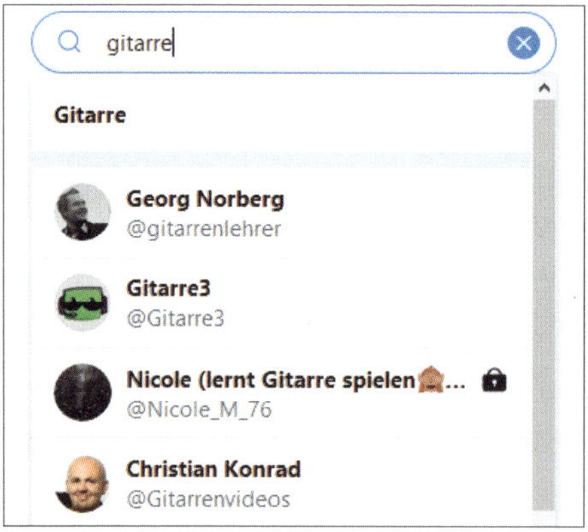

Eingabe von Interessengebieten in die Twitter-Suche

- Auf dem Computer ist oben rechts eine Lupe eingeblendet, auf dem Smartphone finden Sie das Lupensymbol in der unteren Zeile. Klicken bzw. tippen Sie darauf und geben Sie in das Suchfeld Ihr Interesse ein, zum Beispiel »gitarre«. Twitter präsentiert Ihnen dann eine Auswahl passender Accounts.
- Werfen Sie einen Blick auf die Profile der eingeblendeten Accounts. Sind Ihnen die Vorschläge sympathisch? Dann schreiten Sie zur Tat und klicken Sie auf den *Folgen*-Button. Twitter blendet Ihnen dann in Zukunft weitere ähnliche Accounts ein.
- Manche Accounts, die Twitter zum Folgen vorschlägt, sind sehr prominent. Diese Promis haben es allerdings nicht nötig, Ihnen zurückzufolgen. Bandeln Sie deshalb nicht nur mit großen, sondern auch kleineren Accounts an. So erhöhen Sie Ihre Chance, Followerinnen und Follower auf Gegenseitigkeit zu gewinnen.

Nach dem Klick auf den Button ändert sich die Beschriftung von *Folgen* auf *Folge ich*. Falls Sie es sich jetzt oder später anders überlegen, klicken Sie noch mal auf den Button. Damit heben Sie die Followerschaft wieder auf. Dieser Vorgang wird als *Entfolgen* bezeichnet und ist auf Twitter völlig normal. Sie müssen sich also nicht dafür entschuldigen, wenn Sie eine Followerschaft wieder beenden.

Die Aufschrift auf dem Button zeigt den neuen Status: Folge ich.

Was Sie jetzt tun sollten: mal fröhlich loslegen und etwa 20 bis 30 Accounts folgen.

Übrigens: Neben dem Button *Folge ich* finden Sie eine Glocke mit einem kleinen Pluszeichen. Wenn Sie diese anklicken, werden Sie bei jedem neuen Tweet des entsprechenden Accounts informiert.

Nutzen Sie diese Funktion aber, wenn überhaupt, mit Bedacht. Wenn Sie zu viele Benachrichtigungen erhalten, wird Twitter schnell unübersichtlich.

Allzu viel ist ungesund

Es ist in Ordnung, wenn Sie als neuer Account mit noch gar keinen oder sehr wenigen Followern etwa fünfzig anderen Twitterern folgen. Übertreiben Sie es aber nicht. Beachten Sie diese ungeschriebene Twitter-Regel:

- Es ist in Ordnung, viele Follower zu haben, aber wenigen zu folgen.
- Es ist peinlich, wenige Follower zu haben, aber vielen zu folgen.

Aus der Balance geraten Sie also nur, wenn Sie mit Followern unterversorgt sind. Dazu ein paar Richtwerte:

- Sie haben 0 Follower und folgen 20 oder 30 anderen – mit so wenigen Followern genießen Sie den üblichen »Welpenschutz«. Sie dürfen das noch, das geht in Ordnung.
- Sie haben 10 Follower eingesammelt und folgen 100 anderen – damit geraten Sie schon ein bisschen in Verdacht, sich überall anzubiedern. Stellen Sie das Folgen jetzt eine Weile ein, bevor es peinlich wird und Sie in Ungnade fallen. Mit dieser Ausnahme: Folgen Sie Accounts zurück, die Ihnen folgen.
- Sie haben 20 Follower und folgen 2.000 anderen – damit haben Sie sich doppelt ins Aus manövriert. Bei potenziellen Followern und bei Twitter selbst. Rechnen Sie damit, dass Twitter Ihnen das Folgen anderer Accounts untersagt. Und zwar so lange, bis Sie über eine halbwegs ausgewogene Follower-Bilanz verfügen. Das funktioniert auch über das Entfolgen.

Aggressives Folgen und Entfolgen

Aggressives, sprich massenhaftes Folgen und Entfolgen in einem kurzen Zeitraum, wird von Twitter nicht so gerne gesehen. In extremen Fällen verhängt Twitter dann für eine Zeitspanne eine Beschränkung für weitere Follower-Aktionen. Was Sie beispielsweise nicht tun sollten: am Vormittag 200 Usern folgen und am Nachmittag 100 von diesen wieder entfolgen.

4.3 Retweeten

Sie haben einen richtig guten Tweet entdeckt? Dann behalten Sie ihn nicht für sich. Mit einem Retweet reichen Sie den Tweet eines anderen an Ihre Follower weiter, sorgen also für seine hohe Verbreitung. Ihre Follower haben dabei die Möglichkeit, den Retweet auch selbst wieder zu retweeten und damit die Lawine so richtig in Gang zu bringen. Ein guter, »viraler« Tweet erreicht auf diese Weise ein Publikum von mehreren Tausend oder Zehntausend Leserinnen und Lesern.

Der Retweet-Knopf

Zum Retweeten klicken Sie unterhalb eines Tweets auf das Symbol mit dem Doppelpfeil. Anschließend haben Sie folgende Auswahl:

- **Retweet:** Sie reichen den Tweet kommentarlos weiter.
- **Kommentierter Retweet:** Sie fügen zum Tweet noch etwas hinzu.

Der Doppelpfeil in der Mitte löst einen Retweet aus.

Beim kommentierten Retweet fügen Sie noch einen Kommentar oberhalb des ursprünglichen Tweets ein.

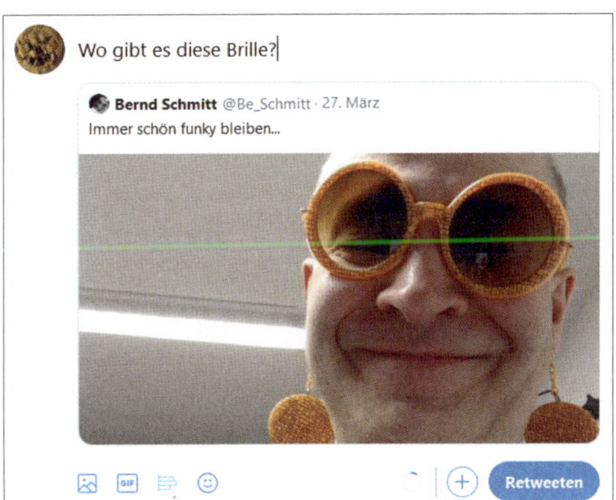

Beim kommentierten Retweet wird der Tweet zusammen mit einem Kommentar weitergereicht.

Sich selbst retweeten?

Sie können sich auch selbst retweeten, zum Beispiel um einen älteren Tweet noch einmal aus der Versenkung zu holen. Allzu oft sollten Sie allerdings nicht davon Gebrauch machen.

Ihre Leser könnten sonst vermuten, dass Ihnen die Ideen für neue Tweets ausgegangen sind. Auf jeden Fall sollten Sie den Eigen-Retweet kommentieren. Liefern Sie eine sachliche Begründung für das Recycling oder ziehen Sie die Lacher auf Ihre Seite.

Beispiel für die letztere Methode: »Okay Leute ... wenn ihr meinen obergenialen Tweet nicht in die Welt hinausposaunt, dann mach ich's halt selbst. Mimimi.« Auf diese Weise generieren Sie mit hoher Wahrscheinlichkeit zumindest ein paar (mehr oder weniger mitleidige) Kommentare.

Retweets mit und ohne Like

Geübte Twitterer unterscheiden den Retweet mit und ohne Like.

Die Bedeutung:

- **Retweet ohne Like**: Ich sorge zwar für die Weiterverbreitung eines Tweets, aber ich verrate meinen Followern nicht, ob ich dem Inhalt freudig zustimme. Vielleicht verursacht mir der Tweet auch Bauchschmerzen.
- **Retweet mit Like**: Ich finde den Tweet gut und wichtig. Genau deswegen habe ich ihn retweetet.

4.4 Liken

Mit einem Klick auf das Herzchen – es befindet sich in der Leiste unterhalb eines Tweets rechts vom Retweet-Knopf – liken Sie einen Tweet.

Das Herzchen steht für einen Like.

Der Like hat in Twitter eine Haupt- und eine Nebenfunktion.

- **Hauptfunktion:** Einem Tweet inhaltlich zustimmen.
- **Nebenfunktion:** Einen Tweet wiederfinden. Twitter merkt sich nämlich, welche Tweets Sie mit einem Like versehen haben. Die von Ihnen gelikten Tweets können Sie sich anzeigen lassen, indem Sie auf Ihrer Profilseite oben auf den Menüpunkt *Gefällt mir* klicken.

Falls Sie sich über einen Tweet geärgert haben, sollten Sie vom Liken keinen Gebrauch machen. Alle Reaktionen (Likes, Retweets und Antworten) werden nämlich von Twitter als positives Signal gewertet und fließen in den Algorithmus ein. Das heißt: Alle Reaktionen erhöhen die Sichtbarkeit eines ärgerlichen Tweets auch noch.

4.5 Kommentieren

Salz in die Suppe kommt bei Twitter erst mit den Kommentaren zu einem Tweet. Und zudem erhöhen auch Kommentare die Sichtbarkeit.

Zum Kommentieren klicken Sie unterhalb eines Tweets auf das Symbol mit der Sprechblase.

Ein Klick auf die Sprechblase öffnet das Kommentarfenster.

Geben Sie nun einen Kommentar ein und klicken Sie auf den blauen Button *Antworten*.

Unterhalb des Tweets erscheint der Kommentar.

Tipp: Kommentare zu populären Tweets sind eine gute Möglichkeit, um auf sich aufmerksam zu machen und Follower zu gewinnen.

5. Emojis, GIFs, Umfragen und Threads

Die folgenden Buttons brauchen Sie zwar noch nicht am Anfang Ihrer Twitter-Karriere. Aber mit der Zeit werden Sie sie kennen und lieben lernen. Und immer mal wieder Ihre Tweets damit garnieren.

5.1 Emojis einsetzen

In der Frühzeit des Internets, also vor 2006, dem Geburtsjahr von Twitter, reicherten die User ihre Texte noch mit Smileys an. Sie wissen schon, diese kleinen, gelben Gesichter. Die Auswahl war damals recht übersichtlich.

Gefressen wurden die Smileys dann von den Emojis, und zwar von sehr vielen ... von Armeen von Emojis. Heute sind die Smileys ein kleiner Teil der großen Emoji-Kollektion.

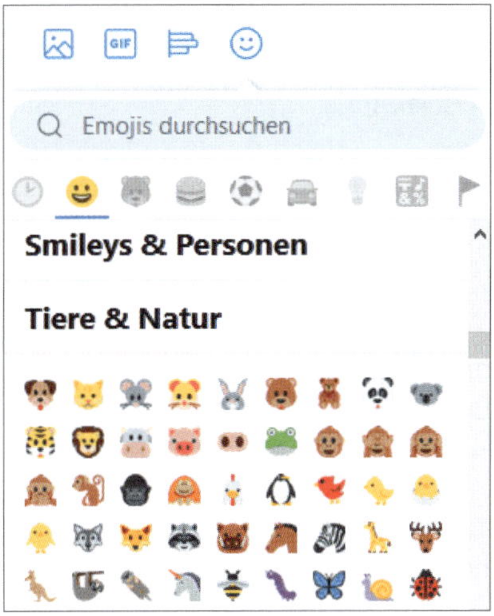

Die vielen Emojis sind in Kategorien sortiert.

Um für den User den Überblick zu wahren, hat Twitter eine Sortierung in acht Kategorien vorgenommen:

- Smileys und Personen
- Tiere und Natur
- Essen und Trinken
- Aktivität
- Reisen und Orte
- Objekte
- Symbole
- Flaggen

So fügen Sie ein Emoji in einen Tweet ein:

1. Erstellen Sie einen Tweet (oder Kommentar) und klicken Sie an die Stelle, an der das Emoji erscheinen soll.
2. Klicken Sie unterhalb des Tweets auf das lachende Gesicht.
3. Scrollen Sie zu einer Emoji-Kategorie oder geben Sie einen Begriff in das Feld *Emojis durchsuchen* ein.
4. Klicken Sie auf das Emoji-Symbol, das Sie einfügen möchten.
5. Senden Sie den Tweet ab.

Die drei Kaktus-Emojis machen den Tweet erst knusprig.

5.2 GIF-Animationen

Die Abkürzung GIF steht für **G**raphics **I**nterchange **F**ormat. Der Clou an diesem Format: Damit können nicht nur normale Bilder, sondern auch kleine Animationen erstellt werden, also bewegte Bilder. Auf Twitter wird ein GIF eigentlich immer mit einer Animation gleichgesetzt.

Sie möchten Ihre Tweets und Kommentare ab und zu mit lustigen oder gepfefferten Bewegtbildern aufpeppen? Dann nutzen Sie GIFs. Twitter kommt Ihnen dabei sehr entgegen.

Ähnlich wie bei den Emojis steht Ihnen nämlich ein großes, hauseigenes Arsenal zur Verfügung. Sie müssen Ihre GIFs also nicht auf anderen Webseiten suchen und einbinden. Sie dürfen aus dem Arsenal von Twitter auswählen.

Über das GIF-Icon öffnet sich eine Auswahl von Animationen.

Twitter macht es Ihnen ganz einfach. Klicken Sie unterhalb Ihres Tweets auf das kleine Quadrat mit der Bezeichnung *GIF*. Anschließend öffnet sich ein Fenster zur Vorauswahl von GIFs.

Die GIF-Kategorien heißen zum Beispiel *Applaus, Freudentanz, Kuss, Starker Auftritt* oder *OMG* wie *Oh mein Gott!* Scrollen Sie ein bisschen nach unten, um alle Kategorien zu sehen. Es sind knapp über 40, und Twitter erfindet auch immer wieder neue.

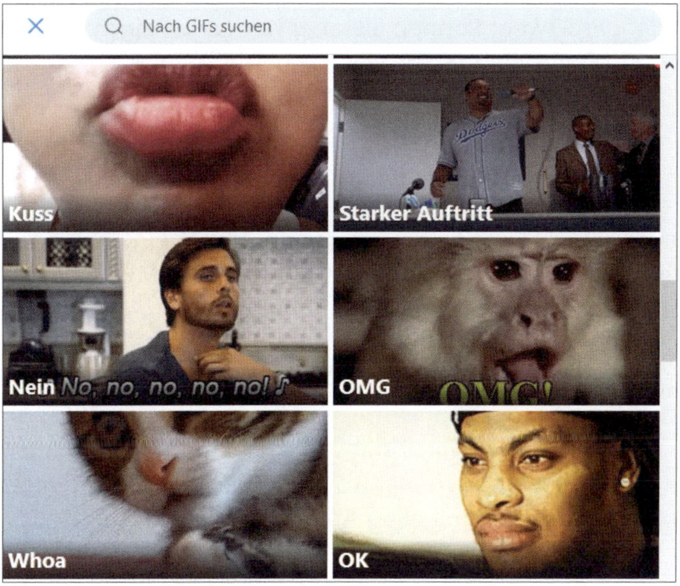

Die GIFs hat Twitter nach Kategorien sortiert.

Sie haben zwei Möglichkeiten, um ein passendes GIF zu finden:

- Eingabe eines Begriffs in das Feld *Nach GIFs suchen*.
- Anklicken der Kategorie und Auswahl eines der darin enthaltenen GIFs.

Am schnellsten geht es mit einem Klick auf die GIF-Kategorie. Probieren Sie es einfach aus. Klicken Sie zuerst auf den Kussmund und dann auf den von Ihnen bevorzugten Kuss. Es ist alles dabei – vom zaghaften über den leidenschaftlichen bis hin zur etwas »pornösen« Knutscherei.

Bei der Platzierung eines GIFs sind Sie nicht so flexibel wie bei Emojis. Die Unterschiede:

- Ein Emoji lässt sich an einer beliebigen Stelle platzieren. Ein GIF erscheint immer unterhalb Ihres Textes.
- Sie können bis zum Maximum von 280 Zeichen beliebig viele Emojis verwenden. Pro Tweet können Sie aber nur ein einziges GIF aus dem Vorrat von Twitter einsetzen.

5.3 Umfragen erstellen

Beliebt sind auf Twitter kleine Umfragen. Ihnen brennt ein Thema auf den Nägeln und Sie möchten selbst einmal ein bisschen Meinungsforschung betreiben? Dann erstellen Sie eine Umfrage.

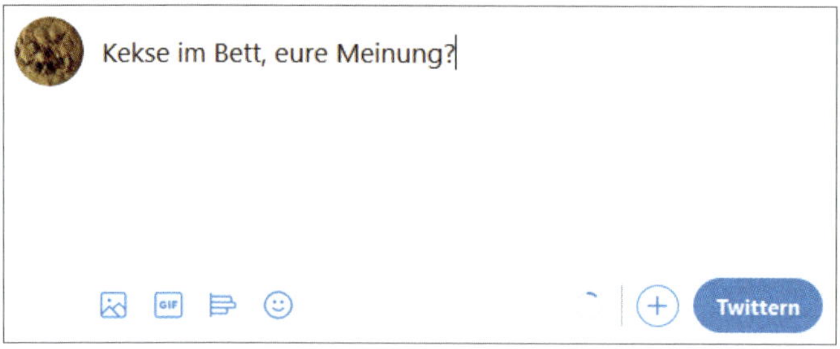

Die Meinungsforschung beginnt mit der Formulierung einer Frage.

Dazu schreiben Sie zunächst Ihre Frage in das Tweet-Fenster. Verwenden Sie dabei eine kurze, knackige und eindeutige Formulierung und vergessen Sie das Fragezeichen nicht. Beispiel:

»Kekse im Bett, eure Meinung?«

Theoretisch könnten Sie dann rechts unten auf den Button *Twittern* klicken, die Kommentare in pro und kontra sortieren und ein Diagramm anfertigen. Das wäre allerdings sehr mühsam.

Komfortabler ist es für Sie, wenn Sie unterhalb Ihres Tweets auf den Knopf mit den drei kleinen Querbalken klicken, gleich links neben dem Smiley. Es öffnet sich dann nämlich das ebenso einfache wie geniale und beliebte Umfrage-Tool von Twitter.

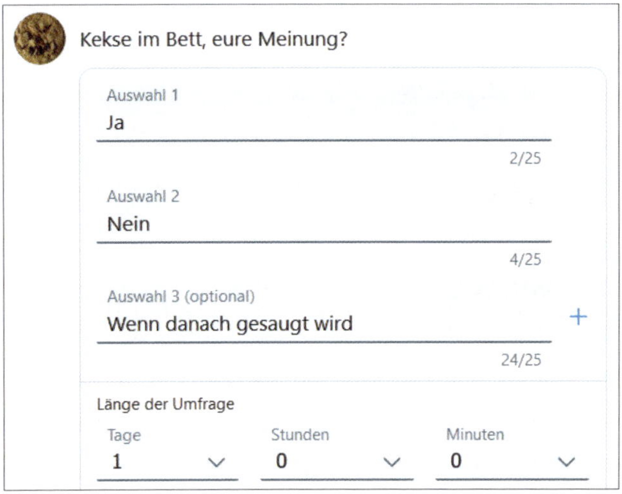

Das beliebte Umfrage-Tool von Twitter

Die Optionen des Umfrage-Tools sind erfreulich übersichtlich. Diese Möglichkeiten stehen Ihnen zur Verfügung:

- Zwei Antwortmöglichkeiten formulieren. Sie können dort *Ja* oder *Nein* eingeben oder auch einen anderen Text. Pro Antwortmöglichkeit stehen Ihnen 25 Zeichen zur Verfügung.

- Über ein Pluszeichen – es befindet sich rechts neben der jeweils unteren Auswahl – können Sie weitere Antwortmöglichkeiten hinzufügen. Das Minimum liegt bei zwei, das Maximum bei insgesamt vier Antwortmöglichkeiten.
- Die Dauer der Umfrage festlegen. Die Standarddauer beträgt 24 Stunden. Diese Voreinstellung sollten Sie so lassen. Eine Verringerung schließt User aus, die vielleicht noch gerne mitgemacht hätten. Das Maximum beträgt drei Tage. Eine Ausweitung ist aber nur vorteilhaft, wenn Ihr Account so populär ist, dass Ihr Umfrage-Tweet über einen sehr langen Zeitraum hinaus retweetet wird.

Umfrage als Quiz

Das knuffige Umfrage-Tool eignet sich auch prima, um ein kleines Quiz im Stil der Sendung »Wer wird Millionär?« zu erfinden. Sie könnten beispielsweise nach der Hauptstadt von Grönland fragen und diese vier Antwortmöglichkeiten geben: Nerd, Nuuk, Nemo und Nanoq.

PS: Richtig ist Nuuk.

Auswertung einer Umfrage

Was natürlich alle interessiert: das Ergebnis einer Umfrage. Dieses stellt Twitter in einer Balkengrafik dar. Rechts davon erscheinen die Anteile noch in Prozentzahlen.

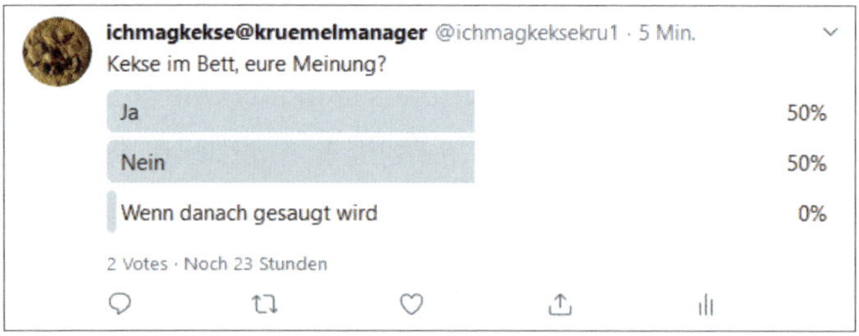

Twitter zeigt das aktuelle Umfrageergebnis an.

Repräsentativ sind die Umfragen auf Twitter allerdings nur in den seltensten Fällen. Zur Abstimmung erscheint ja größtenteils die Anhängerschaft des Accounts, der die Umfrage erstellt hat.

5.4 Threads erstellen

Pro Tweet haben Sie bekanntlich nur 280 Zeichen Platz. Nun gibt es aber Ereignisse, die sich beim besten Willen nicht in dieser komprimierten Form darstellen lassen, zum Beispiel persönliche Begebenheiten mit einer Vorgeschichte. Beispiel: Sie haben sich über Ihren Ex oder Ihren Chef fürchterlich geärgert und möchten nichts aus dem Zusammenhang reißen. Achtung: Bitte wahren Sie bei solchen Storys die Anonymität!

Sie könnten jetzt natürlich einfach drauflos tweeten und sich dann immer selbst mit Kommentaren antworten. Allerdings ist dies aus zwei Gründen nicht empfehlenswert:

- Es könnte der Eindruck entstehen, dass Sie sich selbst antworten, weil sich kein anderer erbarmt. Das Kommentieren eigener Tweets sollte die Ausnahme sein.
- Die Verschachtelung, die durch Antworten entsteht, erschwert die Lesbarkeit.

Tweets aneinanderreihen

Besser ist eine Aneinanderreihung von Tweets. Die Aneinanderreihung wird auch Thread genannt. Das englische Wort heißt auf Deutsch »Faden«, gemeint ist ein Gesprächsfaden. Threads sind auf Twitter beliebt – und sie werden gerne komplett gelesen, wenn sie als solche gekennzeichnet sind. So gehen Sie am besten vor:

1. Beginnen Sie Ihre Geschichte mit dem Schreiben des Start-Tweets.
2. Fügen Sie, als Informationen für Ihre Follower, in den Tweet diese Information ein: *1/X*. Die 1 steht für den ersten Tweet des Fadens,

das X dafür, dass noch weitere Tweets folgen. Falls Sie sicher sind, dass Sie beispielsweise genau drei Tweets für Ihren Thread benötigen, können Sie auch gleich *1/3* schreiben.

3. Senden Sie den Tweet noch nicht ab! Klicken Sie links neben dem *Senden*-Button auf das kleine Pluszeichen.

Mit einem Klick auf das Pluszeichen links neben dem Twittern-Button öffnet sich ein Eingabefenster für einen weiteren Tweet.

Nachdem Sie auf das Pluszeichen geklickt haben, öffnet sich ein weiteres Eingabefenster. In dieses geben Sie nun den zweiten Teil Ihrer kleinen Geschichte ein. Falls Sie einen dritten Teil – oder noch weitere Teile – benötigen, klicken Sie nochmals auf das Pluszeichen.

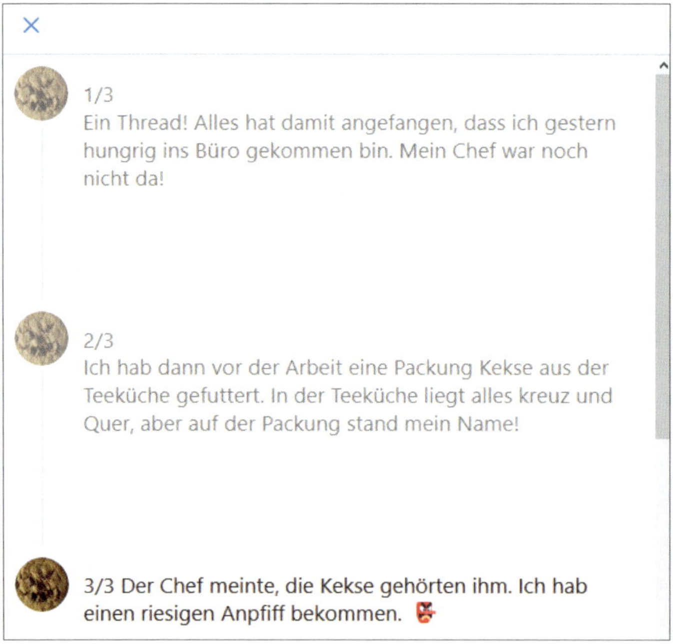

Drei Tweets wurden in der Form eines Threads angelegt.

Die einzelnen Tweets eines Threads können Sie vor dem Absenden jederzeit noch einmal bearbeiten. Allerdings kann es durchaus passieren, dass Sie einen falschen Knopf drücken und damit der gesamte Thread im Nirwana verschwindet. Beginnen Sie deshalb zunächst mit der Verknüpfung von zwei oder drei Tweets. Fabrizieren Sie lange Threads erst dann, wenn Sie etwas mehr Routine besitzen.

Bei längeren Threads ist es auf Twitter üblich, die Followerschaft zu Beginn des ersten Tweets gesondert darauf hinzuweisen.

Beispiel für einen Zwölfteiler: »Ein ausführlicher Thread! 1/12.«

6. Boardmails senden, empfangen und löschen

In diesem Kapitel lernen Sie eine Twitter-Funktion kennen, die Sie zwar nicht im Alltag benötigen, die aber doch hin und wieder ganz nützlich ist: die Boardmail.

Leider verwenden die Twitter-Community und Twitter selbst dafür unterschiedliche Begriffe und Abkürzungen:

- **BM** wie Boardmail – die am häufigste, und deshalb auch in diesem Buch verwendete Bezeichnung.
- **PM** wie Personal Massage.
- **DM** wie Direct Message.
- **DN** wie Direktnachricht.

Lassen Sie sich von den Abkürzungen nicht verwirren! Gemeint ist das Gleiche. Für die BM (oder PM oder DM oder DN) gilt:

- Boardmails können nur zwischen Usern versendet werden, die sich gegenseitig folgen, also den sogenannten Mutuals.
- Boardmails sind nicht für die Öffentlichkeit bestimmt.
- Auch Bilder, GIFs und Videos können über Boardmails versendet werden.

Bitte beachten Sie: Tweets können Sie selbst wieder löschen, Boardmails aber nur in Ihrem eigenen Postfach! Was Sie einmal als Boardmail versendet haben, bleibt dem Empfänger in seinem Postfach für immer erhalten. Sie können ihn zwar bitten, eine verunglückte Nachricht, ein Bild oder ein Video zu löschen, aber Sie haben darüber keine Kontrolle.

Überlegen Sie sich deshalb genau, mit wem Sie eine Boardmail-Konversation beginnen und was Sie in Ihren Boardmails von sich preisgeben.

Haben Sie folgende Grundregeln im Hinterkopf:

- Beginnen Sie prinzipiell keine Boardmail-Konversation mit Usern, die erst seit einer kurzen Zeit auf Twitter präsent sind.
- Sehen Sie sich vor einer Boardmail-Konversation das Profil und die Followerschaft des betreffenden Users genau an.
- Ihre Zugangsdaten zu Twitter sind tabu – auf dem öffentlichen Teil von Twitter und auch in einer Boardmail.
- Ihre Bankverbindung ist tabu – auf dem öffentlichen Teil von Twitter und ebenso in einer Boardmail.
- Andere persönliche Daten, beispielsweise Ihre Adresse und Ihre Telefonnummer, geben Sie nur nach reiflicher Überlegung preis.

6.1 Typisches Beispiel für einen Boardmail-Einsatz

Sie haben in einer Diskussion jemanden kennengelernt, mit dem Sie gerne außerhalb von Twitter Kontakt aufnehmen möchten, etwa per Telefon, E-Mail oder WhatsApp.

Das ist erfreulich, aber natürlich zwitschern Sie Ihre persönlichen Daten nicht in Ihrer Timeline, sondern nutzen das Boardmail-System. Sie sollten Ihr Gegenüber aber nicht damit überfallen, sondern in einem vorherigen Tweet darauf hinweisen.

Dazu gibt es zwei Optionen, nämlich für Follower und Nicht-Follower.

- **Beispiel für Follower:** »Wenn du magst, können wir uns per BM austauschen.«
- **Beispiel für Nicht-Follower:** »Ich folge dir. Wenn du zurückfolgst, können wir uns per BM austauschen.« Zuvor sollten Sie noch einmal kurz prüfen, ob Sie der Person auch wirklich folgen.

Haben Sie eine positive Rückmeldung erhalten? Dann senden Sie eine Boardmail.

6.2 Bordmails senden

So schreiben und versenden Sie eine Boardmail:

1. Klicken Sie auf das Profil der Person, an die Sie eine Boardmail verschicken möchten.
2. Überprüfen Sie, ob Sie der Person folgen. Dazu muss der Button *Folge ich* aktiviert sein.
3. Überprüfen Sie, ob die Person Ihnen folgt. Dazu muss hinter dem Namen *Folgt dir* eingeblendet sein.
4. Klicken Sie auf das Symbol mit dem Briefumschlag, um eine Boardmail zu schreiben.
5. Verfassen Sie die Boardmail, aber klicken Sie nicht aus Versehen auf die [↵]-Taste. Damit wird die BM nämlich auch schon abgeschickt.
6. Überprüfen Sie noch einmal Ihren Text und gegebenenfalls Ihre Bilder.
7. Klicken Sie dann auf die [↵]-Taste oder auf *Senden*.

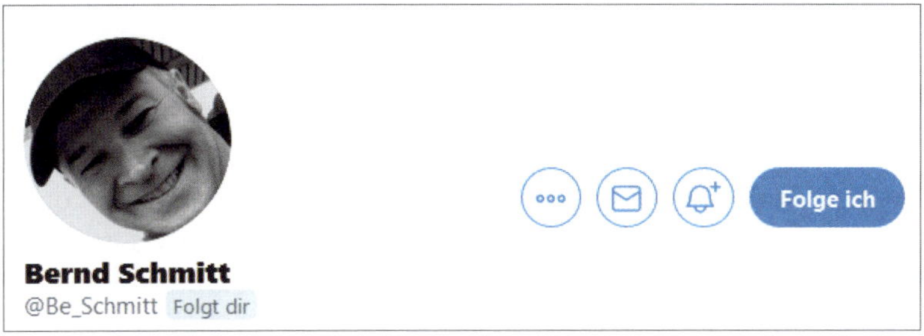

Boardmails können nur zwischen Personen versendet werden, die sich gegenseitig folgen.

6.3 Boardmails lesen

Sobald Sie eine neue Boardmail erhalten haben, bekommen Sie auf zweierlei Weise eine Nachricht:

- Twitter sendet eine E-Mail an diejenige Adresse, die Sie in Ihrem Twitter-Account hinterlegt haben.
- Über dem Icon mit dem Briefumschlag erscheint ein Kreis mit der Anzahl Ihrer ungelesenen Boardmails.

Klicken Sie auf den Link in der E-Mail oder auf das Briefumschlag-Icon, um eine Boardmail zu lesen.

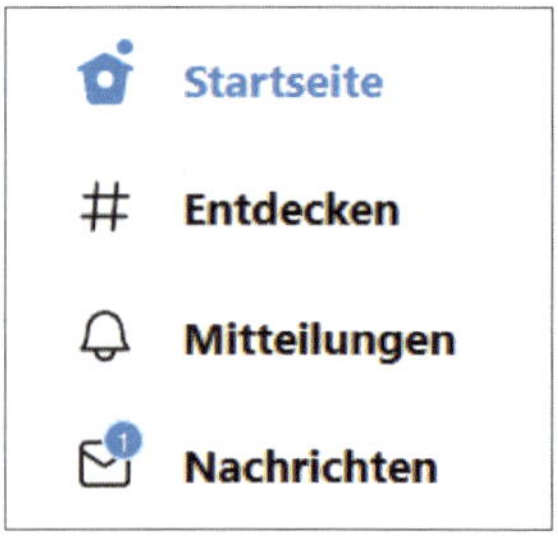

Eine neue Boardmail ist eingetroffen.

Boardmail-Spam erkennen

Das Boardmail-System ist leider auch ein Einfallstor für allerlei unseriöse Nachrichten, von Pornobildern bis zu windigen Pharma- und Kreditangeboten. Es wird nicht lange dauern, bis Sie eine Boardmail in Ihrem Postfach haben, die irgendein Angebot enthält, das Ihnen Stirnrunzeln verursacht.

Die typischen Kennzeichen für Boardmail-Spam sind diese:

- Der Absender folgt Ihnen noch nicht sehr lange.
- Der Absender diskutiert wenig bis gar nicht über die Themen, die Ihnen am Herzen liegen.
- Die Boardmail enthält Angebote zu Krediten oder Pharmaka.

- Die Boardmail enthält Bilder.
- Die Boardmail enthält dubiose Links.

Machen Sie bloß nicht den Fehler, mit einem Spam-Absender in irgendeiner Form zu kommunizieren oder auf einen Link in der Boardmail zu klicken. In solchen Fällen gibt es nur eine sinnvolle Reaktion: **die Boardmail löschen und die Followerschaft kommentarlos beenden.**

Belästigung durch Boardmails

Wurden Sie belästigt? Dann klicken Sie auf die drei Punkte neben der Boardmail, um das Menü mit den Optionen zu öffnen. Unter der Option *Für dich löschen* finden Sie die Möglichkeit, die Nachricht an Twitter zu melden.

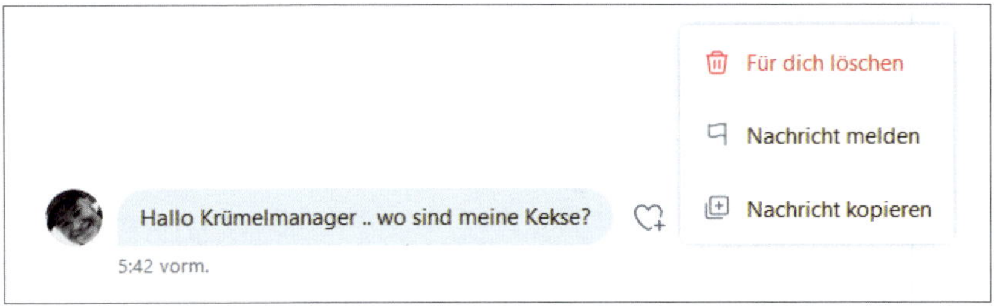

Die Boardmail-Optionen: löschen, melden und kopieren

Twitter ist kein rechtsfreier Raum. Falls Sie unaufgefordert Nacktbilder erhalten haben oder bedroht werden, können Sie auch eine Anzeige bei der Polizei in Erwägung ziehen. Löschen Sie dann aber die betreffende BM nicht. Sie benötigen sie eventuell noch als Beweismaterial.

6.4 Boardmails löschen

Mit der Zeit sammelt sich bei den Boardmails so einiges an. Spam-Nachrichten, aber auch Einträge, die einfach nicht mehr aktuell sind. Sie möchten überflüssige Boardmails wieder löschen?

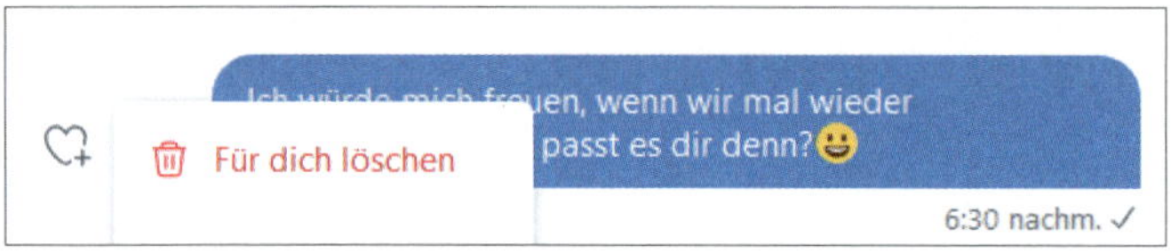

Mit einem Klick auf den Papierkorb wird die Boardmail gelöscht.

Klicken Sie neben einer Boardmail auf die drei Punkte und dann auf das Icon mit der Mülltonne, um eine Boardmail zu löschen. Keinen Zugriff haben Sie allerdings auf die Bereiche Ihrer Boardmail-Empfänger. Was Sie versendet haben, bleibt Ihren Empfängern erhalten.

7. Follower gewinnen

Auf Twitter kursiert dieser Spruch: Die einen wollen mehr Follower, die anderen lügen. Wie wahr! Die ganz gewieften Understatement-Twitterer erkennen Sie übrigens daran, dass sie oft und gerne betonen, wie unwichtig ihnen die Zahl ihrer Followerinnen und Follower ist. Und am liebsten hören sie dann von ihrer Blase als Antwort, dass man ihnen auch dann folgen würde, wenn sie nur eine Handvoll Follower hätten.

Der Philosoph Friedrich Nietzsche (1844–1900) hat das Kokettieren mit der eigenen Demut schon weit vor dem Twitter-Zeitalter erkannt und treffend formuliert: »Wer sich selbst erniedrigt, will erhöht werden.«

Sie können davon ausgehen, dass die üblichen Licht-unter-den-Schemel-Tweets zu 99 % von Accounts mit sehr vielen Followern in die Welt hinausposaunt werden. Zieren Sie sich also nicht mit Bescheidenheit. Stellen Sie sich vor einen Spiegel, klopfen Sie sich wie ein Gorilla auf die Brust und rufen Sie laut:

- Ja, ich will!
- Ja, ich will mir eine große Followerschaft aufbauen.
- Ja, ich will viele Followerinnen und Follower haben, weil Twitter dann mehr Spaß macht.
- Ja, ich will, dass meine Weisheiten und meine Blödsinnigkeiten gelesen und in die Welt hinausgetragen werden. Deswegen twittere ich ja. Sonst könnte ich mir meine Sprüche ja auch auf kleine Zettelchen schreiben und mit Magneten an meine Kühlschranktür hängen. Oder sie in Glückskekse stecken, die ich mir selbst backe.

Plaudern Sie Ihre Ruhmsucht aber niemals auf Twitter aus, oder verweisen Sie gar auf dieses Buch als Grund für die Freilegung Ihres so lange verschütteten Größenwahns. Und twittern Sie nie, aber wirklich nie, diese schlimmen Sätze:

- »Ich will von ganz vielen Leuten gelesen werden.«
- »Größer ist besser.«

Was gerade noch als Entschuldigung zur Follower-Gewinnung durchgeht: Aktionismus oder Algorithmus.

- **Aktionismus:** Verweisen Sie auf ein besonderes Anliegen, zum Beispiel so: »Folgt mir, wenn Ihr meine Aktion XY unterstützen wollt.«
- **Algorithmus:** Verweisen Sie auf den bösen Twitter-Algorithmus, zum Beispiel so: »Ich möchte, dass meine Tweets auch den betreffenden Userinnen und Usern angezeigt werden. Der Twitter-Algorithmus benachteiligt aber die kleinen Accounts. Schnüff, schnüff ... bitte lasst mich nicht im Regen stehen.«

7.1 Der Twitter-Algorithmus

Den Twitter-Algorithmus müssen Sie sich wie eine große Nachrichten-Sortiermaschine vorstellen.

Diese Maschine bewertet folgende Kriterien:

- Von wem kommt die Nachricht? Vom großen Max, der über 10.000 Follower verfügt? Oder nur vom kleinen Mäxchen mit 100 Followern?
- In welche Empfänger-Schublade passt der Inhalt dieser Nachricht? Ist das Thema für Veganer oder für Schnitzelesser interessant?
- Wie viele User reagieren auf diese Nachricht? Wie viele Likes, Kommentare und Retweets generiert die Nachricht?
- Wie schnell reagieren andere User auf diese Nachricht.

Die genaue Twitter-Formel ist dabei geheim und die Gewichtung der Kriterien ändert sich auch immer wieder. Was bleibt, ist eine große Schere – zwischen dem, was der User glaubt, und dem, was ihm Twitter anzeigt.

- **Was der User denkt:** »Ich folge einem Account, wenn er lustig oder nützlich ist. Die Größe des Accounts spielt dabei überhaupt keine Rolle. Ich lese auch die kleinen Accounts sehr gerne. Ich bestimme selbst, was ich lese.«

- **Wie der Algorithmus lenkt:** Ich sortiere für den User mal vor. Die Tweets großer und besonders aktiver Accounts kommen in die Timeline, die Tweets kleinerer Accounts sind nicht so wichtig. Die werden nur dann angezeigt, wenn sie thematisch exakt passen.

7.2 Der flotte Start

Die Mehrheit der Twitterer hat einen Sinn für Ironie – und pflegt auch deshalb eine gewisse Abneigung gegen Facebook.

Sie möchten einen flotten Einstieg haben und riskieren auch mal etwas? Dann verzichten Sie auf das klassische »Hallo Welt« und zwitschern die einzig wahre Twitter-Begrüßungsformel: »Hallo Facebook«.

Ein ironischer Einstieg auf Twitter: »Hallo Facebook«

Als Neuling erst mal zuhören

Twittern Sie, wenn Sie noch gar kein richtiges Publikum haben, nicht gleich Ihre besten Sprüche und Bilder.

Hören Sie lieber mal den anderen zu und finden Sie Ihr persönliches Biotop, also Ihre Twitterblase. Der Begriff ist zwar etwas negativ besetzt, aber so ganz ohne Scheuklappen funktioniert die Kommunikation leider auch auf Twitter nicht.

Es ist nun mal so, dass Gartenfreunde, wenn es um das Anlegen von Beeten geht, sich am besten mit anderen Gartenfreunden austauschen. Das heißt nicht, dass Sie niemals über den Tellerrand blicken sollten, aber im Anzuchtbeet wächst der Account einfach schneller.

7.3 Hashtags nutzen

Durch Wörter, die innerhalb eines Tweets mit einem »Lattenzaun«, also dem Zeichen # versehen sind, werden thematisch ähnliche Nachrichten leichter gefunden.

Machen Sie davon regen Gebrauch und reichern Sie Ihre Tweets mit thematisch passenden Hashtags an. Sie werden dann auch von Usern entdeckt, die Ihnen zwar nicht folgen, aber auf den entsprechenden Hashtag geklickt haben.

Beispiele für entweder besonders populäre oder sehr skurrile Hashtags, die Sie je nach Interesse mal ausprobieren sollten:

- *#Autorenleben* – falls Sie Bücher schreiben.
- *#dopa* – falls Sie über Fußball twittern. Der Hashtag steht für »Doppelpass«. PS: Auch für einzelne Partien gibt es spezielle Hashtags. #FCBFCK steht beispielsweise für FC Bayern gegen FC Köln.
- *#Einkaufswagenkunst* – ein Geheimtipp, falls Sie skurrile Bilder des Alltags mögen.
- *#followerpower* – falls Sie Hilfe bei einem Problem suchen.
- *#FUMP* – falls Sie gerne Flaschenbier trinken. Der Hashtag steht für das Geräusch beim Öffnen einer Bierflasche.
- *#krebsisteinarschloch* – falls Sie oder Ihnen nahestehende Personen von dieser Krankheit betroffen sind.
- *#notjustsad* – falls Sie über Depressionen sprechen möchten.
- *#Schleifchendienstag* – falls Sie erotische Bilder suchen oder zwitschern möchten.
- *#servicetweet* – falls Sie irgendeine Banalität mitteilen möchten, zum Beispiel »Es ist Montag und Sie müssen aufstehen«.
- *#twitterlehrerzimmer* – falls Sie in einer Schule arbeiten und Tipps für die Unterrichtsgestaltung suchen. Sie können auch die Kurzformen *#twlz* oder *#twitterlz* eingeben.

Retweet-Bots nutzen

Für manche dieser Hashtags sind auf Twitter kleine Helferlein unterwegs, die sogenannten Retweet-Bots.

Der Retweet-Bot Tw!tterlehrerzimmer

Unter Pädagoginnen und Pädagogen beliebt ist beispielsweise der Bot *Tw!tterlehrerzimmer*. Dabei spielt es keine Rolle, ob der Autor eines Tweets diesem Bot folgt oder nicht. Die Funktionsweise ist ganz einfach.

Der Bot retweetet automatisch alle Tweets, die mit diesen Hashtags versehen sind:

- #twitterlehrerzimmer
- #twlz
- #twitterlz

Ein Autor muss also lediglich einen der obigen Hashtags in einen Tweet einfügen, um einen ersten Retweet zu gewinnen. Nutzen Sie diese Möglichkeit, falls für Ihr Interessengebiet ein solcher Bot unterwegs ist.

Mit diesen Methoden finden Sie es heraus:

- Achten Sie darauf, welche Hashtags in Ihrem Interessengebiet besonders populär sind.
- Verwenden Sie diese Hashtags auch selbst.

Retweeter kontrollieren

Kontrollieren Sie, von wem Sie retweetet werden: Sie finden unterhalb jedes Ihrer Tweets eine Informationszeile, die Ihnen die Anzahl von Retweets und *Gefällt mir*-Angaben zeigt (ab einer Anzahl von 1). Mit einem Klick auf das Wort *Retweets* erfahren Sie, von wem Sie retweetet wurden. Dabei werden auch Bots angezeigt.

Ein Klick auf das Wort »Retweets« öffnet eine Liste mit allen Accounts, die diesen Tweet weiterverbreitet haben.

Lokale Hashtags

Bei lokalen Themen und Ereignissen werden häufig auch lokale Hashtags eingesetzt. Beispiele:

- *#Hamburg, #München* oder *#Berlin* für Tweets mit lokalem Bezug.
- *#Berlin2504* oder *#B2504* für einen Tweet zu einem Ereignis, das am 25. April in Berlin stattfindet.

Keine Rolle spielt bei Hashtags die Groß- und Kleinschreibung des ersten Buchstabens. Sie können sowohl *#Hamburg* als auch *#hamburg* nach Lust und Laune verwenden. In den obigen Beispielen wurden lediglich die gebräuchlicheren Schreibweisen verwendet.

Was Hashtags nicht mögen, sind Sonderzeichen aller Art. Erlaubt sind nur Buchstaben und Zahlen. Beispiel:

- *#BadenWürttemberg* steht für das gesamte Bundesland.
- *#Baden-Württemberg* steht nur für Baden. Mit dem Bindestrich wird der Hashtag nämlich unterbrochen und Württemberg ausgegrenzt.

7.4 Andere Twitterer ins Gespräch ziehen

Eine pfiffige Technik ist es, den Benutzernamen eines anderen Users in einen eigenen Tweet zu platzieren und damit ins Gespräch zu locken.

Diese Methode ist deshalb sehr effektiv, weil der betroffene Account von Twitter prompt über diese Aktion informiert wird.

Einfügen des Benutzernamens eines anderen Users in einen Tweet.

Ein Beispiel: Sie wissen, dass der User Bernd Schmitt – er verfügt über den Benutzernamen *@be_schmitt* – gerne über Twitter diskutiert, und Sie haben gerade ein Twitter Problem. Dann versuchen Sie ihn doch mit folgendem Tweet aus der Reserve zu locken:

»Hilfe, mein Twitter zickt! Vielleicht kann mir der *@be_schmitt* helfen?«

Wenn Sie Glück haben, steigt der Angesprochene auf den Tweet ein und spendiert einen Kommentar, einen Like oder einen Retweet.

Es ist auch möglich, mehrere Accounts gleichzeitig anzusprechen. Beispiel:

»Ich bin jetzt mit meinem Latein am Ende, aber vielleicht wissen *@account1* oder *@account2* oder *@account3* mehr?«

7.5 Auf gute Nachbarschaft achten

Wenn Sie öfter mit der Bahn fahren, dann kennen Sie diese Situation:

Nach Ihrem Einstieg machen Sie es sich auf Ihrem Platz gemütlich und sehen sich ein wenig Ihre Mitreisenden an. Sie stellen fest, dass die anwesenden Fahrgäste einen Querschnitt der Bevölkerung repräsentieren. Verschiedene Altersklassen sind vertreten und ebenso Auszubildende, Studenten, Berufstätige und Rentner.

An der nächsten Station steigt eine Anzahl nicht mehr nüchterner Fußballfans in Ihren Wagen. Ganz offensichtlich sind einige davon auf Krawall gebürstet. Sie sind aber überhaupt nicht an Randale interessiert. Nun haben Sie zwei Möglichkeiten:

- Sie ermahnen die Krawallmacher.
- Sie stehen diskret auf und suchen sich in einem anderen Wagen einen Platz.

Die erste Methode, Sie ahnen es, wird Ihre Lage nur noch verschlimmern. Es ist nämlich sehr wahrscheinlich, dass Sie nun von den Krawallmachern ins Visier genommen werden. Die zweite Methode ist die bessere. Im neuen Wagen warten nämlich nette Sitznachbarn, mit denen Sie sich bis zum Ende Ihrer Reise vergnüglich unterhalten können.

Die Nachbarschaft auf Twitter

Gute Nachbarschaft ist auch auf Twitter wichtig. Das Schöne an der Sache: Sie können – im Unterschied zum realen Leben – Ihre Nachbarschaft mit ein paar Klicks bestimmen. Am besten begeben Sie sich erst gar nicht in die Nähe von Accounts, deren Tweets bei Ihnen ein mulmiges Gefühl hinterlassen. Die wichtigsten Instrumente zur Nachbarschaftspflege:

- Einem Account folgen.
- Einem Account wieder entfolgen.
- Einen Account stummschalten.
- Einen Account blockieren.

Offensichtliche Krawallmacher werden immer wieder für Ärger sorgen. Folgen Sie Ihnen nicht und interagieren Sie auch nicht auf andere Weise. Halten Sie sich an diese Faustregel: Eine frühzeitige, sanfte Maßnahme wie das Entfolgen erspart eine spätere harte Maßnahme wie das Blockieren.

Freundschaften pflegen

Ein richtig gutes Gefühl stellt sich ein, wenn sich ein paar User über eine lange Zeit gegenseitig folgen und eine Twitter-Clique bilden. Mit der Zeit nimmt man dann ein bisschen am Leben der Nachbarn teil, kennt die Vorlieben und Abneigungen, weiß um die Kinder und Haustiere – und ob jemand lieber Tee oder Kaffee mag.

Twitter und die realen Nachbarn

Über den Unterschied zwischen Twitter und Facebook kursiert dieser Spruch: »Auf Facebook kennen sich die User auch real, aber sie mögen sich nicht. Auf Twitter kennen sich die User real nicht, aber sie mögen sich.« Darin ist mehr als ein Körnchen Wahrheit enthalten. Wahrscheinlich liegt es am »Kopfkino«. Die Beschränkung der Zeichenzahl in den Tweets führt zu allerlei Fantasien.

Ein kleiner Tipp: Überlegen Sie es sich gut, ob Sie Menschen, mit denen Sie Haus an Haus oder gar Tür an Tür wohnen, wirklich in Ihr Twitter-Netzwerk einbeziehen möchten.

Das Problem: Nicht alles, was einmal im Internet gelandet ist, kann wieder restlos entfernt werden. Das gilt auch für gelöschte Tweets, denn ein Screenshot von einem Text oder Bild ist schnell erstellt. Wenn Peinlichkeiten passiert sind, die der Nachbar mal »eben schnell getwittert« hat, kann der reale Frieden darunter leiden.

Trennen Sie im Zweifelsfall lieber zwischen der virtuellen und der realen Nachbarschaft.

7.6 Follower-Management betreiben

Klicken Sie im Menü auf *Profil*, und werfen Sie dann einen Blick auf die Informationen zu Ihrem Profil. Unterhalb Ihres Profilnamens wird angezeigt, was Sie in Ihrer Biografie angegeben haben.

Unterhalb Ihres Eintrittsdatums bei Twitter steht dann:

- *Folge ich* – mit der Anzahl der Twitterer, denen Sie folgen.
- *Follower* – mit der Anzahl der Twitterer, die Ihnen folgen.

Ein Klick auf Follower öffnet eine Follower-Liste.

Was Sie ab und zu tun sollten:

- Accounts zurückfolgen, die Ihnen folgen. Wenn Sie dies nicht tun, riskieren Sie nämlich den Liebesentzug durch Entfolgen.
- Accounts entfolgen, die Ihnen nicht (mehr) zurückfolgen.
- Accounts entfolgen, die nicht mehr auf Twitter aktiv sind.

Das Zurückfolgen Ihrerseits ist vor allem in der Anfangsphase wichtig. Sollten Sie nach einiger Zeit in der glücklichen Lage sein, dass Ihnen die Follower in Scharen zulaufen, dann dürfen Sie Ihren Kultstatus auch genießen und auf das kleinliche Zurückfolgen verzichten.

Was Sie zur Freundschaftspflege tun sollten:

- Antworten Sie auf Kommentare zu Ihren Tweets.
- Kommentieren Sie andere Tweets.

7.7 Twitter Analytics verwenden

Facebook und andere Social-Media-Netzwerke unterscheiden zwischen privaten und Firmen-Accounts. Und nur für Letztere stehen ausführliche Statistiken zur Verfügung.

Zum Glück tickt Twitter hier erfreulich einfach:

- Es gibt nur eine Sorte von Accounts.
- Jede und jeder kann nachschauen, welche Tweets die beste Resonanz erzielt haben.

Auskunft darüber gibt das Statistik-Tool *Twitter Analytics*. Loggen Sie sich auf Ihrem Computer bei Twitter ein und rufen Sie diese Adresse auf: https://analytics.twitter.com.

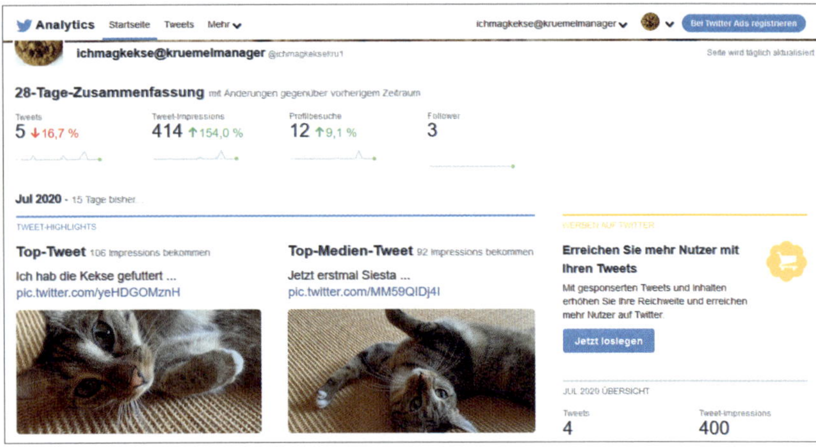

Twitter Analytics präsentiert die Top-Tweets der letzten 28 Tage.

Die besten Tweets auswerten

Oben auf der Startseite von Twitter Analytics erhalten Sie einen Überblick der letzten 28 Tage.

Diese Informationen stehen für Sie bereit:

- *Tweets:* die Anzahl der von Ihnen verfassten Tweets. Ihre Retweets werden nur mitgezählt, wenn Sie sie kommentiert haben.
- *Tweet-Impressionen:* die Summe aller Ansichten Ihrer Tweets.
- *Follower:* die aktuelle Anzahl Ihrer Follower.
- *Profilbesuche:* die Anzahl der anderen User, die Ihr Profil besucht haben, also Ihre potenziellen Follower.

Rechts neben den absoluten Werten zeigt Twitter die prozentualen Veränderungen. Wenn Sie etwas nach unten scrollen, präsentiert Ihnen Twitter für jeden Monat eine Übersicht.

Die wichtigsten Informationen sind:

- *Top-Tweet:* der Tweet mit den meisten Impressionen.
- *Top-Medien-Tweet:* der Tweet, der Medien (Bilder, GIFs oder Videos) enthält und die meisten Impressionen erzielt hat.
- *Top-Follower:* derjenige Ihrer neuen Follower, der über die größte eigene Followerschaft verfügt.

Falls Sie jetzt von den diversen Zahlen und Begriffen erschlagen sind: Kehren Sie zur Twitter-Timeline zurück und rufen Sie einen einzelnen Tweet auf, den Sie in letzter Zeit abgeschickt haben. Klicken Sie dann unterhalb des Tweets auf das Icon mit den drei Balken.

Top-Tweets identifizieren

Zu jedem einzelnen Ihrer Tweets präsentiert Ihnen Twitter eine eigene Statistik. Wenn Sie auf *Alle Interaktionen anzeigen* klicken, ist dieses noch etwas ausführlicher. Außerdem wird Ihnen nahegelegt, Tweets zu bewerben. Den Zugang erhalten Sie mit einem Klick auf *Jetzt loslegen*.

Zu jedem einzelnen Tweet sind Statistiken verfügbar.

7.8 Tweets sponsern

Vielleicht haben Sie in Ihrer Timeline auch schon Tweets entdeckt, die mit dem Zusatz *Gesponserte Tweets* versehen sind? Es sind zumeist große Unternehmen oder Institutionen, die sich damit auf Twitter zusätzliche Leserinnen und Leser verschaffen. Die Möglichkeit steht aber jedem Account zur Verfügung.

Die Bewerbung eines Tweets steigert die Reichweite.

Die Twitter-Community reagiert allerdings tendenziell negativ auf diese Methode der Reichweiten-Erhöhung. Als Privatperson empfiehlt sich der Reichweiten-Kauf in der Regel nicht. Sie gewinnen kurzfristig eine erhöhte Aufmerksamkeit, werden aber gleichzeitig als Vordrängler wahrgenommen: als einer, der im realen Leben die Schlange vor dem Club überholt, nachdem er den Türsteher bestochen hat.

Kurz gesagt: Die Bewerbung eines privaten Tweets richtet mehr Schaden als Nutzen an.

Einsatzgebiete für gesponserte Tweets

Anders verhält sich die Lage, wenn Sie ein eigenes Produkt oder eine Veranstaltung bewerben möchten. Vielleicht betreiben Sie ja einen Onlineshop oder vertreten einen Verein? Oder Sie präsentieren ein Gemälde oder treten als Musiker auf? Dann ist eine Werbeaktion unter Umständen sinnvoll. Und natürlich hat Twitter ein Interesse daran, dass Sie von diesem Instrument reichlich Gebrauch machen. Für die Präsentation gesponserter Tweets wird Ihnen vollmundig versprochen:

»Ein gesponserter Tweet wird nur dann in der Timeline eines Nutzers angezeigt, wenn davon auszugehen ist, dass der Tweet für den jeweiligen Nutzer interessant und relevant ist.«

Diese Aussage von Twitter sollten Sie aber mit Vorsicht genießen. Beachten Sie, dass Twitter zwar nach Interessen filtert, aber nicht nach bestimmten Regionen. Überlegen Sie daher, welches Einzugsgebiet Sie erreichen möchten. Sie betreiben einen Onlineshop? Dann sind gesponserte Tweets eine Überlegung wert. Schwierig ist dagegen die Bewerbung eines Cafés oder eines Konzerts. Wenn Sie in Hamburg aktiv sind und Ihr gesponserter Tweet auch Usern in München angezeigt wird, werfen Sie einen Teil Ihres Werbebudgets zum Fenster hinaus.

7.9 Externe Twitter-Tools nutzen

Ab einer vierstelligen Zahl von Followern wird es schwierig, die Leserschaft im Auge zu behalten. Wer ist Ihnen heimlich entfolgt? Wer ist auf Twitter längst nicht mehr aktiv? Externe Tools helfen Ihnen dabei, den Überblick zu bewahren und ein professionelles Follower-Management zu betreiben.

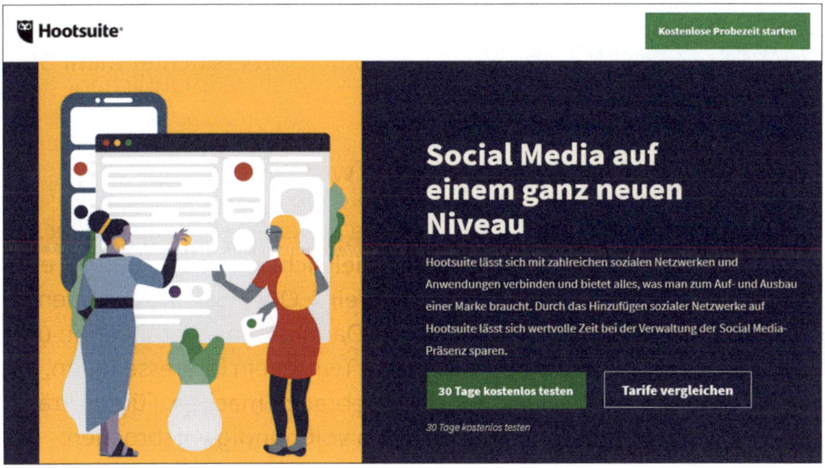

Das externe Twitter-Management-Tool Hootsuite

Zu den bekanntesten Tools zählen:

- **Crowdfire:** Informationen zu Crowdfire (nicht deutschsprachig) finden Sie auf https://www.crowdfireapp.com/.
- **Hootsuite:** Infomationen zu Hootsuite (deutschsprachig) finden Sie auf https://signuptoday.hootsuite.com/pua-de-eur-integrations-2020/.

Kostenlos wie Twitter selbst sind diese externen Dienste allerdings nicht. Sie sind ab etwa 10 Dollar pro Monat dabei. Bei dem sehr umfangreichen Hootsuite stehen diverse Services mit unterschiedlichen Tarifen zur Verfügung.

Die Vor- und Nachteile externer Dienste:

Vorteile

- **Professionelles Follower-Management:** Sie haben Follower im Blick, denen Sie aus Höflichkeit zurückgefolgt sind, die Ihnen aber danach wieder entfolgt sind.
- **Social-Media-Listening:** Sie werden darüber informiert, wenn andere über Sie schreiben oder wenn in einem Tweet bestimmte Markennamen oder Hashtags verwendet werden.
- **Tweet-Planung:** Sie können Ihre Tweets auf Vorrat schreiben und in einem Wochenplan zu einer bestimmten Zeit veröffentlichen.

Nachteile

- **Kosten:** Externe Tools sind kostenpflichtig.
- **Mühen:** Externe Tools sparen nicht nur Zeit, sie verschlingen auch einige Stunden für die Einarbeitung.
- **Sicherheit:** Externe Tools benötigen die Zugangsdaten Ihres Accounts und stellen damit auch ein Sicherheitsrisiko dar.

Achtung: Externe Tools sind davon abhängig, was Twitter ihnen zugesteht – und das ist nicht in Stein gemeißelt. So wurden 2019 die Funktionen von Crowdfire stark eingeschränkt.

Was war passiert? Zu viele User hatten das Tool genutzt, um massenhaft zu folgen und schnell wieder zu entfolgen.

7.10 Tweets zur richtigen Zeit veröffentlichen

Manche Funktionen, die zunächst von externen Diensten wie Crowdfire und Hootsuite angeboten wurden, hat Twitter inzwischen integriert – allerdings noch nicht für alle Endgeräte.

Die Zeitsteuerung eines Tweets funktioniert aktuell nur auf einem Computer oder Laptop. Es ist aber davon auszugeheben, dass dieses Feature in naher Zukunft auch für Smartphones freigeschaltet wird.

Empfehlenswert ist das zeitversetzte Tweeten in diesen Situationen:

- **Geistesblitz:** Sie haben um 2:00 Uhr in der Nacht einen genialen Tweet im Kopf und möchten ihn jetzt schreiben, auch um ihn nicht wieder zu vergessen. Gesendet werden soll er aber, wenn die meisten User auf Twitter unterwegs sind. Nach einer Studie von Hootsuite ist dies von Montag bis Freitag um 15 Uhr der Fall.
- **Unverrückbares Ereignis:** Sie möchten einen Tweet zu einem Zeitpunkt veröffentlichen, an dem Sie eigentlich etwas anderes vorhaben, zum Beispiel an Heiligabend oder an Silvester um 23:59 Uhr.

Das betreffende Icon mit dem Kalender und der Uhr finden Sie im Tweet-Fenster rechts neben dem Emoticon-Symbol.

Ein Klick auf das Symbol mit dem Kalender öffnet ein Fenster zur Zeitsteuerung eines Tweets.

Das Veröffentlichungsdatum können Sie bis auf die Minute genau bestimmen.

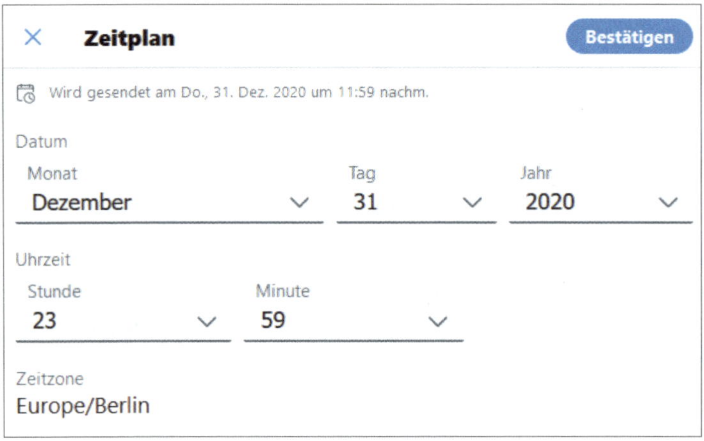

Ein Tweet kann bis auf die Minute genau zeitversetzt gesendet werden.

7.11 Auf Schnickschnack verzichten

Twitter hat eine Menge sinnvoller Funktionen, einige sind allerdings auch etwas umstritten. Zu Letzteren zählt die Sortierung von Followern in Listen.

Die Listen-Funktion

Sobald Sie einer vierstelligen Anzahl von Twitterern folgen, wird es unübersichtlich. Aus diesem Grund bietet Twitter die Möglichkeit, Follower-Listen zu erstellen und zu benennen.

Ein Beispiel: Sie interessieren sich für so unterschiedliche Gebiete wie Fahrräder, Seehunde und Heavy Metal. Dann könnten Sie drei entsprechende Listen anlegen und Ihre Followerinnen und Follower zur jeweils passenden Liste hinzufügen.

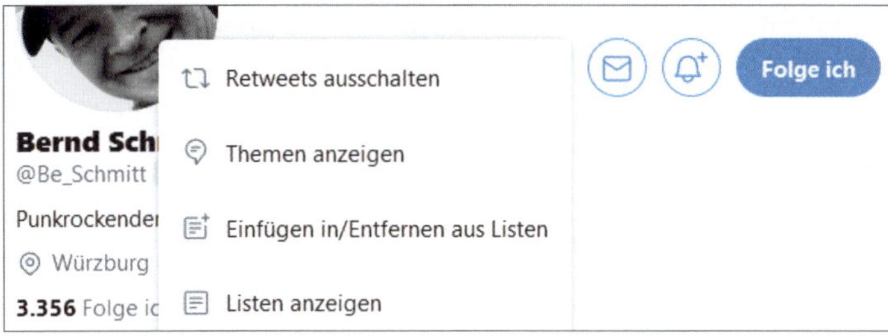

Twitter bietet die Möglichkeit, Follower in Listen zu sortieren.

So funktioniert das Anlegen von Listen:

1. Sie folgen einem User.
2. Sie klicken auf das Profil eines Users.
3. Sie klicken auf das Menü mit den drei Punkten unterhalb des Headers des Users.
4. Es klappt ein Menü auf.
5. Sie klicken auf den Menüpunkt *Einfügen in/Entfernen aus Listen*.
6. Sie erstellen und benennen eine neue Liste und fügen den User hinzu.
7. Optional: Sie entfernen den User wieder aus der Liste.

Bitte beachten Sie: Was sich in der Theorie ganz harmlos anhört, hat auch eine Schattenseite. **Nicht wenige User möchten nicht auf irgendeiner Liste erscheinen. Rechnen Sie deshalb mit negativen Reaktionen, sprich dem Entfolgen, falls Sie von diesem Instrument Gebrauch machen.**

Automatische Begrüßungs-Boardmails

Einige externe Twitter-Dienste bieten die Möglichkeit, automatische Begrüßungs-Boardmails einzurichten. Die Funktionsweise:

1. Sie hinterlegen in einem externen Dienst eine kurze Begrüßungsnachricht, zum Beispiel: »Herzlich willkommen in meiner Timeline. Ich freue mich auf einen gemeinsamen Austausch.«

2. Jeder neue Follower erhält von Ihnen eine Boardmail mit der entsprechenden Nachricht.

Die Begrüßung klingt zwar zunächst sympathisch, erzielt aber in der Praxis mehr negative als positive Reaktionen. Es ist auf Twitter nämlich nicht üblich, vorschnell von der öffentlichen auf die private Ebene zu wechseln. Verzichten Sie deshalb auf automatische Boardmails, wenn Sie Ihre frisch gewonnenen Followerinnen und Follower nicht verärgern oder gleich wieder verlieren möchten.

8. Twitter-Knigge und Troll-Abwehr

Ein gewisser Adolph Franz Friedrich Ludwig Freiherr Knigge (1752–1796), nennen wir ihn der Kürze halber einfach Herrn Knigge, gilt als der Urvater aller Benimmregeln. Berühmt wurde er durch sein Werk »Über den Umgang mit Menschen«.

Der berühmte Adolph Freiherr Knigge gilt als Urvater aller Benimmregeln (Bildquelle: Wikipedia).

Mal angenommen, er würde in unserer Zeit leben ... sein Buch hätte er mit Sicherheit um diese Kapitel ergänzt:

- Über den Umgang mit Tweets
- Über den Umgang mit Trollen

Eine kleine Knigge-Anekdote

Um Haaresbreite wäre »Über den Umgang mit Menschen« auf dem Index der verbotenen Bücher des Vatikans gelandet. Um das Jahr 1820 warfen nämlich zwei Inquisitoren einen scharfen Blick auf Knigges Schrift. Einer der beiden sprach sich für ein Verbot aus, der andere dagegen. Zum Glück entschied sich der zuständige Sekretär des Vatikans gegen ein Zensurverfahren.

8.1 Knigge: über den Umgang mit Tweets

- **Keine Tweets klauen:** Hüten Sie sich davor, einen guten Tweet einfach abzuschreiben und selbst zu twittern. Entscheiden Sie sich lieber für eine saubere Lösung: den Retweet. Falls Sie von einem anderen Twitterer zu einem Tweet inspiriert wurden, ergänzen Sie Ihren Tweet mit folgendem Zusatz: *insp. von @benutzername*. Die Abkürzung *insp.* steht dabei ganz einfach für inspiriert.
- **Tweet-Diebe stilvoll entlarven:** Jemand hat Ihnen einen Tweet geklaut? Dann weisen Sie die Twitter-Community doch standesgemäß darauf hin. Beispiel: »Das freut mich ja wahnsinnig, dass du exakt denselben Gedanken hattest wie ich in meinem gestrigen Tweet.« Die Twitter-Community wird diese Anspielung gut verstehen.
- **Sich nicht selbst liken:** Selbstbeweihräucherung kommt nie gut an – auch nicht auf Twitter. Liken Sie andere, aber nicht sich selbst. Und retweeten Sie sich nur in Ausnahmefällen.
- **Zum Retweet gehört der Like:** Sie retweeten etwas? Dann spendieren Sie dem Tweet doch auch einen Like. Machen Sie lediglich dann eine Ausnahme, wenn Sie sich vom Inhalt des Tweets distanzieren möchten.
- **»Bitte RT!« respektieren:** Diese Abkürzung am Ende eines Tweets steht für »Bitte Retweeten«. Die Twitter-Community setzt sie zumeist bei ernsthaften Themen ein, beispielsweise bei der Suche nach einer

vermissten Person oder einem Aufruf zu einer Knochenmarkspende. Bitte missbrauchen Sie RT nicht für Spaß-Tweets oder zur Steigerung Ihrer Reichweite.

- **»Kein RT!« respektieren:** Einige Userinnen und User veröffentlichen Tweets, die eher für ihre persönliche Timeline bestimmt sind. Wenn Sie auf einen Tweet mit dem Zusatz »nicht retweeten« stoßen, sollten Sie diesen Wunsch respektieren.
- **Bitte trösten:** Auf Twitter ist es kein Tabu, krank, depressiv oder in Trauer zu sein. Nicht wenige User suchen und finden auf diese Weise ein bisschen Verständnis. Gehen Sie behutsam mit ihnen um und spenden Sie ein bisschen Trost. Im Trauerfall ist es üblich, mit einem schwarzen Herzchen zu kondolieren.
- **Kein Derailing betreiben:** Der Begriff »Derailing« bedeutet im Deutschen »Entgleisung«. Gemeint ist die Unsitte, bei einer Diskussion aus ideologischen Gründen vom Ursprungsthema abzulenken. Bleiben Sie im Zweifelsfall beim Thema des Ursprungs-Tweets.
- **Nicht automatisiert twittern:** Es gibt diverse Tools, mit denen sich automatisierte Tweets erstellen lassen, um beispielsweise einen Link auf eine Webseite oder ein anderes Social-Media-Netzwerk zu setzen. Auf Twitter sind diese Automatismen allerdings nicht sehr beliebt. Besser sind ein individueller Tweet und eine persönliche Ansprache, zum Beispiel: »Ich habe hier auf meiner Webseite einige feine Sachen zum Thema XY für euch.«
- **Keine nackten Links twittern:** Mini-Tweets, die lediglich einen Link enthalten, werden von der Twitter-Community konsequent ignoriert. Wenn Sie einen Link twittern, dann informieren Sie Ihre Leserinnen und Leser am besten auch darüber, was sie auf der Zielseite erwartet.
- **Höflich bleiben:** Meinungsverschiedenheiten gehören zum Leben und erst recht zu Twitter. Beleidigungen aber nicht. Auch wenn Ihr Gegenüber sich im Ton vergreift – zeigen Sie Souveränität und bleiben Sie sachlich. Es ist ein Zeichen von Schwäche und fehlenden Argumenten, wenn jemand ausfällig und persönlich wird.

- **Locker bleiben:** Twitter ist keine Plattform für Fanatiker. Egal, wie wichtig Ihnen ein Anliegen ist, streuen Sie zwischendurch mal was Lustiges ein. Notfalls zählt auch der Galgenhumor.
- **Auf Fragen reagieren:** Jemand hat Sie etwas gefragt? Dann lassen Sie den Fragesteller nicht in der Luft hängen.
- **Quellen verlinken**: Sie twittern irgendwelche Zahlen, Daten und Fakten? Dann gehört es zum guten Ton, auf die Quelle zu verlinken. Beispiel: »Im Juli werden die meisten Kinder geboren! Quelle: https://www.destatis.de/DE/Presse/Pressemitteilungen/Zahl-der-Woche/2020/PD20_29_p002.html«. Den Link müssen Sie natürlich nicht abtippen. Sie fügen Ihn einfach per Copy-and-paste aus der Quellseite in Ihren Tweet ein.
- **Grenzen respektieren:** Achten Sie darauf, nicht die Privat- oder gar Intimsphäre anderer zu verletzen. Fordern Sie diese Grenzen gegebenenfalls von anderen ein, wenn Sie sich bedrängt fühlen.
- **Fehler zugeben:** Sie werden in Ihrem Twitter-Leben Tausende oder Zehntausende von Tweets verfassen. Es ist völlig normal, dass da auch mal etwas dabei ist, was Sie danach bereuen. Wenn Ihnen ein solches Malheur passiert ist, dann sollten Sie zwei Dinge erledigen: um Entschuldigung bitten und den Tweet löschen.

8.2 Über den Umgang mit Trollen

Es gibt zwei Sorten von Knigge-Verweigerern. Die einen kennen den Herrn gar nicht, die anderen haben schon von ihm gehört, halten aber wenig bis gar nichts von seinem Werk.

Das Internet hat für diese unangenehmen Zeitgenossen einen speziellen Namen: Trolle.

Die Troll-Anatomie

Vielleicht haben Sie sich schon einmal gefragt, wie die weibliche Form des Trolls lautet? Trollin, Trolline oder Trulla? Diese Unklarheit stammt daher, dass diese Wörter im allgemeinen Sprachgebrauch selten verwendet werden. Weil Trolle überwiegend männlich sind.

Was die Trollologie, die Wissenschaft zur Erforschung des Lebens und Wirkens der Trolle, noch herausgefunden hat: In der realen Welt ist diese Spezies dafür verantwortlich, dass den Gerichten die Arbeit niemals ausgeht. Trolle sind keine Genussmenschen, sondern wilde Eiferer. Eine kristallklare Vorstellung haben Trolle von der Art und Weise eines korrekten Meinungsaustausches: Die Meinung aller anderen wird durch die Meinung des Trolls ausgetauscht.

Die Merkmale der Trolle

Sie erkennen sie an diesen Merkmalen:

- Trolle garnieren ihre Tweets mit Kraftausdrücken, die der Autor dieses Buches sowohl Ihnen als auch dem Lektorat des Markt+ Technik Verlags nicht zumuten möchte, schon gar nicht in einem Knigge-Kapitel.
- Trolle verwenden in inflationärer Weise Ausrufezeichen!!!!! !!!!!
- Trolle zwitschern nicht, sie brüllen. Erkennbar ist das BRÜLLEN an der GROSSSCHREIBUNG.
- Trolle schreiben ohne Punkt und Komma, egal, wie lang die Sätze sind, Pausen kennen sie nicht.
- Trolle sind nicht an einer Diskussion interessiert, sondern an der Verbreitung ihrer persönlichen Ansichten. Diese Ansichten haben sie bei Facebook oder auf anderen dubiosen Seiten im Internet gefunden und sehen sie deshalb als unumstößliche Wahrheit an.
- Trolle verfügen über eine explosive Mischung aus gepflegtem Halbwissen und missionarischem Eifer.
- Trolle kennen nur ein einziges Thema, nämlich ihr eigenes Thema.
- Trolle sind Wiederkäuer. Es geht Ihnen immer um dasselbe.

Die etwas raffinierteren Trolle beherrschen auch die Technik des Tarnkappenangriffs. Sie mimen so lange einen friedlichen Diskussionsteilnehmer, bis sie sich das Vertrauen ihrer Umgebung erschlichen haben. Dann lassen sie ihre Tarnung fallen und ihrem Wortschwall freien Lauf.

Trolle verwandeln jede Diskussion in einen Kuhfladen.

Trolle nicht füttern

Was Sie auf gar keinen Fall tun sollten: die Trolle durch Diskussionen anfüttern. Wenn Sie sich auf dieses Spiel einlassen, fühlen die sich nämlich bestätigt und gewinnen ungeheuer an Kraft.

Was Ihnen dann alles blühen kann:

- Beleidigungen und Bedrohungen.
- Üble Nachrede und Verleumdungen.
- Eine Aufforderung zum Duell. Im Morgengrauen. An der alten Eiche.

Sie mögen zwar Waldspaziergänge, aber nicht das frühe Aufstehen? Und Sie sind weder in der Säbelfechterei noch der Handhabung von Faustfeuerwaffen geübt? Dann schreiten Sie nicht zur alten Eiche, sondern zur Prävention.

Nutzen Sie dazu das von Bernd Schmitt entwickelte, patentierte und praxisgeprüfte TAS, das Troll-Abwehr-System. Es funktioniert in fünf Stufen.

Das TAS (Troll-Abwehr-System)

- **TAS-Stufe 1: Dumm stellen** – Versuchen Sie, dem Troll klarzumachen, dass Sie seinem Genius nicht ebenbürtig sind, weil Ihnen, was wirklich tragisch ist, für seine Erkenntnisse das Interesse und die nötige Fachkompetenz fehlen. Wenn Sie Glück haben, erkennt er in Ihnen einen hoffnungslosen Fall – und arbeitet sich an einem anderen Opfer ab.
- **TAS-Stufe 2: Lebewohl sagen** – Falls Sie dem Troll aus Naivität irgendwann gefolgt sind, klicken Sie jetzt beherzt auf den *Entfolgen*-Button. Wenn Sie Glück haben, nimmt er Ihnen diesen Affront übel und entfolgt Ihnen ebenso. Damit werden Ihre Tweets viel seltener in seiner Timeline angezeigt – und Sie bleiben hoffentlich von den Troll-Tiraden verschont.
- **TAS-Stufe 3: Auf Durchzug schalten** – Nutzen Sie diese grandiose und völlig unterschätzte Twitter-Funktion: das *Stummschalten*. Das Lustige am Stummschalten ist, dass der Betroffene darüber nicht informiert wird. Sie fachen also kein neues Feuer an, sondern schalten ganz einfach auf Durchzug. Was das Stummschalten allerdings nicht verhindern kann: dass der Troll weiterhin in Ihrer Timeline herumgeistert und Ihre Tweets kommentiert. Falls Sie auch Ihre Followerinnen und Follower von der Nervensäge befreien möchten, müssen Sie zu TAS-Stufe 4 übergehen.
- **TAS-Stufe 4: Auf Distanz halten** – Blockieren Sie den Troll. Damit kappen Sie die Verbindung zwischen Ihnen und dem Plagegeist. Das heißt: Der Troll kann Ihre Tweets nicht mehr sehen und Sie nicht mehr die seinigen. Im Unterschied zum Stummschalten erfährt der Blockierte allerdings davon – und zwar, sobald er Ihr Profil aufruft. Twitter blendet ihm dann folgende Meldung ein: »Du kannst *@ihrname* nicht folgen und die Tweets von *@ihrname* nicht sehen, da du blockiert wurdest.«
- **TAS-Stufe 5: Bei Twitter verpetzen** – Melden Sie den Troll. Falls Sie über einen Tweet stolpern, der gegen deutsche Gesetze verstößt oder die Twitter-Regeln verletzt, können Sie den Autor auch bei

Twitter verpetzen. Überlegen Sie sich diesen Schritt aber gut, denn so richtig Freude kommt auf Twitter nicht auf, wenn sich die User gegenseitig anschwärzen.

8.3 Stummschalten, blockieren und melden

In der Profilansicht: Mit einem Klick auf das Icon mit den drei Punkten öffnet sich ein Menü mit den Optionen zum Stummschalten, Blockieren und Melden.

Sie möchten einen Troll stummschalten, blockieren oder melden? Dann führen Sie folgende Schritte aus:

1. Klicken Sie zunächst auf das Profil des Trolls.
2. Kontrollieren Sie, ob Sie dem Troll folgen. Falls ja, entfolgen Sie ihm.
3. Klicken Sie auf die drei Punkte.
4. Wählen Sie aus dem aufklappenden Menü den entsprechenden Punkt aus, zum Beispiel das *Stummschalten*.

Einen User stummschalten, blockieren oder melden.

PS: Im Beispiel heißt der User *@Be_Schmitt*. Aber Sie haben doch nicht wirklich vor, diese Instrumente gegen den Autor dieses Buches einzusetzen, oder? Verwenden Sie bitte einen echten Troll. ;-)

User rehabilitieren

In der Hitze des Wortgefechts neigt der Mensch – und da sind Twitterer nicht ausgenommen – leicht zu Überreaktionen. Zum Glück hat Twitter dafür Verständnis. Sie können, abgesehen vom Melden, Ihre Abwehrmaßnahmen auch wieder rückgängig machen, das heißt:

- Nach dem Entfolgen wieder folgen.
- Eine Stummschaltung wieder aufheben.
- Einen User wieder entblocken.

Beachten Sie dabei aber folgende Feinheiten:

Der betreffende User erhält eine Nachricht für jedes Folgen und Entfolgen. Von diesem Instrument sollten Sie deshalb nicht allzu oft Gebrauch machen. Im Gegensatz dazu werden Stummschaltungen und deren Aufhebung von Twitter nicht an den Betroffenen kommuniziert. Verfahren Sie mit diesem Instrument nach Belieben.

Das Blockieren und dessen Aufhebung werden zwar nicht direkt kommuniziert, der betreffende User bekommt es aber früher oder später mit. Wenn Sie sich nicht unglaubwürdig machen wollen, sollten Sie deshalb nicht ständig zwischen Blockieren und Entblocken eines Users wechseln.

Kurz gesagt: Stummschalten ist das beste Instrument.

Twitter ist kein rechtsfreier Raum

Die meisten Twitterer spielen eine bestimmte Rolle und präsentieren eine bestimmte Seite von sich. Was dabei gelegentlich vergessen wird: Hinter jedem Account steckt auch ein Mensch, und dieser Mensch wird durch das Gesetz geschützt. Das deutsche StGB (Strafgesetzbuch) gilt, völlig unabhängig von Twitters Hausregeln, für jeden Account und jeden Tweet. Wenn Sie sich beispielsweise beleidigt oder bedroht fühlen, haben Sie jederzeit die Möglichkeit, bei der Polizei eine Anzeige zu erstatten.

Häufig sind juristische Auseinandersetzungen wegen Beleidigung (§ 185 StGB), übler Nachrede (§ 186) und Verleumdung (§ 187).

Für die Beleidigung ist die Schwelle am niedrigsten. Sie kann schon gegeben sein, wenn sich zwei Kontrahenten mit Schimpfwörtern wie »Hornochse« oder »dumme Gans« bewerfen. Nicht strafbar ist dagegen ein ironisch gemeintes »Sie Experte!«.

Für das Delikt der üblen Nachrede sind Behauptungen gegen eine Person erforderlich, die nicht den Tatsachen entsprechen. Dabei genügt es auch, wenn diese Behauptungen irgendwo aufgeschnappt wurden.

Noch eine Schippe obendrauf setzt das Delikt der Verleumdung. Dabei setzt der Täter wider besseren Wissens ein Gerücht in die Welt, um einer Person oder Personengruppe zu schaden.

8.4 Das Twitter-Beschwerdesystem

Twitter verfügt über ein eigenes Beschwerdesystem. Aktiviert wird es über die *Melden*-Funktion. Nachdem ein Tweet von einem oder mehreren Usern gemeldet wurde, prüft Twitter den Inhalt anhand dieser Kriterien:

- Verstößt der Inhalt gegen die Twitter-Regeln?
- Verstößt der Inhalt gegen deutsche Gesetze?

Zumeist verlaufen die Meldungen im Sand. Der Absender des beanstandeten Tweets erhält dann folgende Standard-Benachrichtigung:

»Wir haben den gemeldeten Inhalt untersucht und konnten keinen Verstoß gegen die Twitter-Regeln oder deutsche Gesetze feststellen. Wir sind deswegen dazu nicht aktiv geworden.«

Wenn sich allerdings gut begründete Beschwerden häufen, zieht Twitter die Zügel an und schränkt den Account vorübergehend ein. Das heißt für den Betroffenen:

- Der User kann sich bei Twitter noch einloggen.
- Der User kann seinen Followern noch Boardmails schicken – und dabei sein Leid klagen.
- Die Follower des Users können die bisherigen Tweets sehen.
- Der User kann keine neuen Tweets verfassen.
- Der User kann nichts retweeten oder liken.

Ziemlich harter Tobak also, doch so selten kommt diese Maßnahme gar nicht vor. Pro Jahr verhängt Twitter Hunderttausende dieser temporären Sanktionen.

Vor der Wiederaufnahme in die Gemeinschaft der Twitternden muss der Sünder dann in der Regel noch einige Buße tun, zum Beispiel in dieser Form:

- Die Löschung bestimmter Tweets.
- Die Verifizierung der E-Mail-Adresse des Accounts.
- Das Hinzufügen einer Telefonnummer zum Account.

Zeigt der Sünder Reue und befolgt die Anweisungen, beginnt die Phase der Rehabilitation. Twitter startet einen Countdown, beispielsweise über sieben Tage. Danach hat der Delinquent die Möglichkeit, alle Funktionen mit einem Klick auf diese Meldung wieder freizuschalten:

»Einige Funktionen deines Accounts wurden vorübergehend eingeschränkt. Klicke oder tippe auf Start und folge den Anweisungen zum Ausführen der gewünschten Schritte.«

Dauerhafte Sperrung eines Accounts

Bei wiederholten und sehr schweren Verstößen gegen die Regeln zieht Twitter irgendwann die Reißleine und sperrt den betroffenen Account dauerhaft. Das heißt: Die Tweets und alle Followerinnen und Follower sind verloren, der User darf wieder ganz von vorne anfangen.

Tweets eines blockierten Accounts melden

Sie können auch dann die Tweets eines Accounts melden, wenn er Sie blockiert hat. Voraussetzung ist, dass er Sie in den zu beanstandenden Tweets direkt erwähnt hat.

8.5 Verifizierte Accounts

Gar nicht so selten ist dieses Phänomen zu beobachten: Accounts mit den Namen bekannter Persönlichkeiten sorgen mit einem völlig unmöglichen Tweet für viel Ärger; tatsächlich steckt irgendein Scherzbold dahinter, der unter falscher Flagge twittert.

Um dem Problem des Identitätsdiebstahls von Prominenten einen Riegel vorzuschieben, hat Twitter die Verifizierung von Accounts eingeführt.

Der blaue Haken

Kennzeichen der echten Prominenz ist der blaue Haken im Namen. Machen Sie einfach die Probe aufs Exempel und geben Sie »Schwarzenegger« in die Twitter-Suche ein, also das Feld mit der Lupe.

Der Account von Arnold Schwarzenegger ist durch einen blauen Haken verifiziert. Nur dieser Arnold ist der echte.

Twitter blendet Ihnen dann ein Dutzend Accounts ein, die alle irgendetwas mit dem Namen Schwarzenegger zu tun haben. Aber nur einer von diesen ist der wahre Arnold Schwarzenegger, der Terminator. Es ist der mit dem blauen Haken.

Sie möchten auch einen blauen Haken haben? Das ist verständlich, aber nach einem Knopf für den begehrten Orden brauchen Sie nicht zu suchen, die Sache ist nämlich leider wie bei der Wahl des Bundespräsidenten. Sie können sich nicht selbst nominieren.

Twitter vergibt den Haken nur an wahre Prominente, und Twitter bestimmt selbst, wer prominent ist!

Als Kategorien zählen:

- Musik
- Film
- Mode
- Regierung
- Politik
- Religion
- Journalismus
- Medien
- Sport
- Wirtschaft

Wenn Sie einen Haken möchten, dann werden Sie Rockstar, Modezar, Papst oder Chef einer Kaufhauskette. Oder gewinnen Sie die Tour de France oder werden Sie sonst irgendwie berühmt.

Den blauen Haken selbst verleihen?

Einige listige Twitterer haben schon versucht, ihr Profilbild mit einem blauen Haken zu versehen oder irgendwo im Header oder in der Biografie die Adelung zu erschwindeln. Twitter hat davon allerdings schnell Wind bekommen und die Hochstapler mit temporären Sperren abgestraft.

Probieren Sie es also lieber nicht aus.

Der blaue Haken bedeutet übrigens nicht, dass Twitter die Inhalte jedes Prominenten billigt. Manchmal ist sogar das ausdrückliche Gegenteil der Fall, was der andauernde Konflikt zwischen Twitter und Donald Trump beweist.

Twitter und Trump

Vielleicht fragen Sie sich, warum Twitter den US-Präsidenten Donald Trump wegen seiner grenzwertigen Tweets noch nicht gesperrt hat – und warum sich Trump nicht von Twitter verabschiedet?

Die Lösung ist ganz einfach: Die beiden bilden eine Symbiose:

- Twitter will die 81 Millionen Follower von Donald Trump nicht verärgern.
- Donald Trump weiß, dass seine 81 Millionen Anhänger nicht auf eine andere Plattform umziehen werden.

Donald Trump genießt also einen Sonderstatus. Dies ist aber nicht mit völliger Narrenfreiheit verbunden, denn Twitter hat damit begonnen, Trumps Tweets nicht unkommentiert zu lassen.

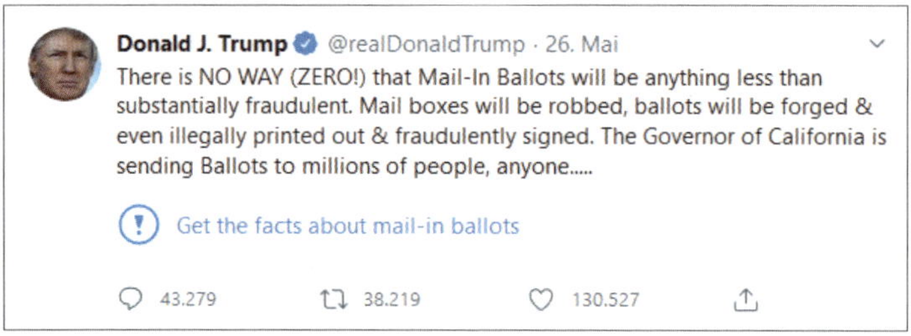

Einige Tweets von Donald Trump hat Twitter mit einem Hinweis versehen.

Unterhalb mancher Trump-Tweets findet sich ein kleines blaues Ausrufezeichen und der Hinweis »Get the facts about ...«, auf Deutsch »Erhalte die Fakten zu ...« Ein Klick darauf führt zu sogenannten Faktenchecks, also Klarstellungen von Twitter-Redakteuren zu den Aussagen Trumps.

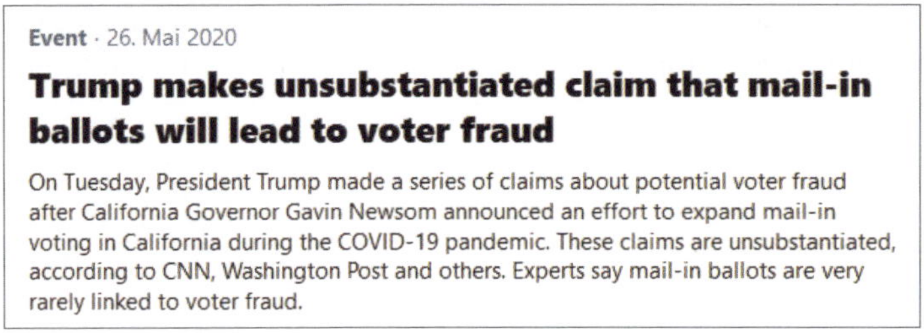

Event · 26. Mai 2020

Trump makes unsubstantiated claim that mail-in ballots will lead to voter fraud

On Tuesday, President Trump made a series of claims about potential voter fraud after California Governor Gavin Newsom announced an effort to expand mail-in voting in California during the COVID-19 pandemic. These claims are unsubstantiated, according to CNN, Washington Post and others. Experts say mail-in ballots are very rarely linked to voter fraud.

Twitter hat eine Serie von Trump-Tweets einem sogenannten Faktencheck unterzogen und Gegenpositionen veröffentlicht.

8.6 Einen Account schützen

Vielleicht haben Sie schon bemerkt, dass einige Accounts mit einem kleinen Schlösschen versehen sind.

Das Schlösschen hinter dem Benutzernamen verweist auf einen geschützten Account.

Das bedeutet:

- Die Tweets eines geschützten Accounts sind nur für Follower sichtbar und werden auch nicht über Suchmaschinen wie Google oder Bing gefunden.
- Auch Medien (Bilder, GIFs und Videos), die ein geschützter Account auf Twitter hochgeladen hat, sind nicht mehr für alle einsehbar.

- Ein geschützter Account erhält eine Anfrage, falls ihm andere User folgen möchten. Er kann diese Anfrage annehmen, aber auch ablehnen.
- Accounts, die dem geschützten Account bereits folgen, können dessen Tweets weiterhin lesen, liken, kommentieren und retweeten. Um das zu unterbinden, bleibt dem geschützten Account nur die Möglichkeit des Blockierens.

Sie haben einige negative Erfahrungen auf Twitter gemacht und möchten zeitweise oder dauerhaft kontrollieren, wer Ihre Tweets lesen, liken, kommentieren und retweeten darf?

Dann gehen Sie so vor:

1. Klicken Sie im Menü auf *Mehr*.
2. Wählen Sie dann *Einstellungen und Datenschutz*.
3. Klicken Sie auf *Datenschutz und Sicherheit*.
4. Setzen Sie einen Haken in die Checkbox bei *Deine Tweets schützen*.

Mit der Aktivierung des Hakens in der Checkbox »Deine Tweets schützen« werden die Tweets dieses Accounts nur noch den Followern angezeigt.

Den Haken können Sie jederzeit und ohne irgendwelche Rückfragen von Twitter auch wieder entfernen. Damit wandeln Sie den geschützten Account wieder in einen regulären um.

9. Bilder und Bilderserien twittern

»Ein Bild sagt mehr als tausend Worte«, sagte einst Kurt Tucholsky. An der Richtigkeit dieser Feststellung hat sich bis heute nichts geändert. In diesem Kapitel erfahren Sie, wie Sie Bilder zu einem Tweet hinzufügen.

Doch zunächst: Wo kommen die Bilder her? Hierzu haben Sie, je nach Eingabegerät, unterschiedliche Möglichkeiten:

- **Vom Computer aus:** Sie twittern ein Bild, das sich auf Ihrer Festplatte befindet.
- **Smartphone, die indirekte Methode:** Sie twittern ein Bild, das sich bereits auf Ihrem Smartphone befindet. Oder bei einem Cloud-Dienst, der mit Ihrem Smartphone verbunden ist. Populär für Android-Smartphones ist der Onlinespeicher Google Fotos. Für die Benutzer von iPhones steht der Dienst iCloud Fotos zur Verfügung.
- **Smartphone, die direkte Methode:** Sie knipsen ein Bild, das Sie sofort mit Ihrem Tweet versenden.

Nun hat jede Methode ihre Vor- und Nachteile. Überprüfen Sie zunächst, ob Sie eher ein Fotograf, ein Knipser oder ein Allrounder sind. Dann wählen Sie Ihren Workflow.

- **Der Fotograf** verfügt über eine professionelle Ausrüstung und eine große Bildersammlung auf seinem Computer. Er bearbeitet Bilder gerne und oft mit professionellen Programmen wie Photoshop nach.
  Der Fotograf bearbeitet und twittert seine Bilder am liebsten vom Computer aus. Er veröffentlicht nur ausgesuchte Bilder, Qualität geht ihm vor Quantität.
- **Der Knipser** liebt Schnappschüsse mit dem Smartphone. Für eine aufwendige Bildbearbeitung hat er keine Geduld. Er will seine Bilder vor allem schnell auf Twitter sehen.
  Der Knipser fotografiert, bearbeitet und twittert seine Bilder am liebsten vom Smartphone aus. Über die Menge an Bildern macht er

sich keine Gedanken, und auch die Qualität steht bei ihm nicht an erster Stelle.

- **Der Allrounder** schickt Bilder sowohl vom Computer als auch vom Smartphone ab. Auf diese Weise vereint er das Beste aus beiden Welten: Er greift unterschiedlich auf seine Bilder zu. Sein Material lagert auf der Festplatte seines Computers und in einer Cloud. So hat er zu jedem Tweet schnell ein passendes Bild parat.

9.1 Bilder vom Computer aus twittern

Bilder können Sie auf unterschiedliche Weise in einen Tweet einfügen.

Jedes Bild, das auf der Festplatte eines Computers gespeichert ist, lässt sich auch zu einem Tweet hinzufügen.

Sie twittern vom Computer aus? Dann erstellen Sie zunächst einen Tweet. Beginnen Sie mit dem Text, schicken Sie das Ganze aber noch nicht ab.

Klicken Sie zuvor unten im Tweet-Eingabefenster auf das Bild-Icon. Es befindet sich ganz links und sieht aus wie ein Bergpanorama mit einer kleinen Sonne.

Das Bild-Icon befindet sich ganz links.

Nun öffnet sich ein Fenster, das die Ordnerstruktur Ihres Computers abbildet.

So fügen Sie ein Bild in den Tweet ein:

1. Wählen Sie denjenigen Ordner aus, in dem sich das gewünschte Bild befindet.
2. Klicken Sie auf den Namen des gewünschten Bildes.
3. Klicken Sie auf den Button *Öffnen*.

Anschließend wird Ihr gewünschtes Bild vom Computer auf Twitter hochgeladen und in Ihren Tweet befördert.

Das Bild wurde vom Computer auf Twitter hochgeladen und in den Tweet befördert.

Nach dem Einfügen finden Sie unterhalb des Tweets noch diese Bildoptionen:

- *Personen markieren:* Hier können Sie einen Twitter-User angeben, auch Ihr eigener Name ist möglich. Von dieser Option können, müssen Sie aber nicht Gebrauch machen.
- *Beschreibung hinzufügen:* Auch dieses Feld ist nicht verpflichtend. Sie sollten es aber nutzen, um sehbehinderten und blinden Usern mitzuteilen, was sich auf dem Motiv befindet.

9.2 Bilder vom Smartphone aus twittern

Wenn Sie sehr viele Bilder twittern, ist das Smartphone bequemer als der Computer. Dabei stehen Ihnen ganz unabhängig davon, ob Sie ein Android-Gerät oder ein iPhone verwenden, zwei Möglichkeiten zur Verfügung:

- Einen Tweet erstellen und das Bild vom Smartphone in den Tweet einfügen. Bei dieser Methode schreiben Sie zuerst den Tweet-Text. Dann tippen Sie unterhalb des Tweets auf das Symbol mit der Gebirgslandschaft und wählen ein passendes Bild aus.
- Ein Bild aus einer Cloud auswählen und dann einen Tweet daraus erstellen.

Das folgende Beispiel erklärt die zweite Methode. Zum Einsatz kommt dabei ein Android-Smartphone, das mit dem Dienst Google Fotos verknüpft ist. Die einzelnen Schritte funktionieren aber ebenso mit einem iPhone und dem Dienst iCloud Fotos.

Ein Bild für den Tweet auswählen

Zunächst öffnen Sie die mit Ihrem Smartphone verbundene Foto-Cloud, also beispielsweise Google Fotos oder iCloud Fotos. Dann wählen Sie das entsprechende Bild aus. Das kann, muss aber kein aktuelles Bild sein. Vielleicht sind Sie ja gerade in einer Stimmung, die zu einem

Bild passt, das Sie schon vor einigen Jahren geknipst haben? Dann stöbern Sie ein bisschen in der Cloud und tippen auf den »Oldie«.

Das Android-Smartphone ist mit dem Dienst Google Fotos verknüpft.

Von der Cloud zu Twitter

Nun zeigt Ihr Smartphone ein einzelnes, von Ihnen gewähltes Bild an. Darunter befindet sich eine Leiste mit verschiedenen Icons. Wenn Sie möchten, können Sie das Bild noch ein bisschen bearbeiten. Tippen Sie dazu auf das Icon mit den Schiebereglern, es ist das zweite von links.

Seien Sie sich aber eines gewissen Risikos bewusst. Solange Sie sich noch in der Cloud befinden, bearbeiten Sie das Bild nämlich nicht für Twitter, sondern ganz generell. Das in der Cloud gespeicherte Bild ändert sich damit permanent.

Das Originalbild erhalten

Wenn Sie das Original behalten möchten, lassen Sie das ursprüngliche Bild unberührt und erledigen den Feinschliff später. Sie haben nämlich auch auf Twitter noch gute Möglichkeiten, Bearbeitungen durchzuführen. Ganz links in der Leiste unterhalb des Bildes befindet sich ein Icon, das wie ein Schalter aussieht, das *Teilen*-Symbol.

Über das Symbol ganz links wird das Bild an Twitter gesendet.

Tippen Sie darauf, um das Bild weiterzuleiten. Das Ziel kann Twitter sein, aber auch ein anderer Dienst wie beispielsweise WhatsApp. Die

Optionen hängen davon ab, welche Apps Sie auf Ihrem Smartphone installiert haben. Wählen Sie Twitter aus und bearbeiten Sie das Bild dort gegebenenfalls noch einmal nach. Sie können beispielsweise:

- Filter einsetzen, um das Bild in einem anderen Licht erscheinen zu lassen.
- Einen Bildausschnitt wählen und damit Personen oder Nebensächlichkeiten wegschneiden.
- Das Bild mit Stickern (kleinen Bildern) schmücken.

Bild in Twitter nachbearbeiten

Die Sticker – sie verbergen sich hinter dem Icon mit dem Smiley – sind auch ein hervorragendes Mittel, um Personen unkenntlich zu machen – und damit die Persönlichkeitsrechte zu schützen.

Vor dem Absenden kann das Bild auf Twitter noch einmal bearbeitet werden.

Was sehr praktisch ist: Alle Veränderungen betreffen nur die Darstellung auf Twitter. Das Originalbild bleibt unversehrt.

Haben Sie das Bild verändert und sind mit dem Resultat zufrieden? Dann tippen Sie rechts oben auf *Speichern*. Das Bild wird damit in den Tweet eingefügt.

Das Bild wurde in den Tweet eingefügt.

9.3 Bilderserien twittern

Sie haben eine schöne Wanderung unternommen und jetzt mehrere schöne Bilder, die Sie Ihren Followern präsentieren möchten?

Dann haben Sie mehrere Möglichkeiten:

- Eine Serie von Bilder-Tweets veröffentlichen und pro Tweet nur ein Bild einfügen.
- Tweets mit mehreren Bildern bestücken. Die Obergrenze liegt bei vier Bildern pro Tweet.

Die erste Methode ist empfehlenswert, wenn es sich um außergewöhnliche Bilder handelt, die Sie nicht mit anderen Bildern vermischen möchten. Für die meisten Fälle ist es aber besser, mehrere Bilder pro Tweet zu präsentieren.

Sie kommen damit Ihren Followern entgegen, denn das Durchklicken von Bildern in einem einzelnen Tweet ist bequem. Mühsam ist es dagegen, sich durch viele einzelne Tweets zu hangeln.

Beim Anlegen einer Bilderserie gehen Sie zunächst so vor, als ob Sie nur ein einziges Bild twittern möchten.

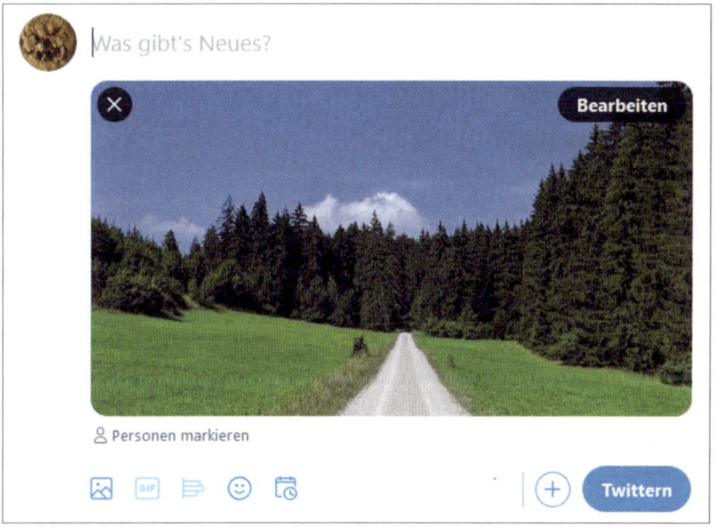

Jede Bilderserie beginnt mit dem ersten Bild.

Das erste Bild ist hochgeladen? Okay. Diesmal gehen Sie aber nicht sofort auf den *Twittern*-Button, sondern noch einmal auf das *Bild hinzufügen*-Icon, das kleine Bergpanorama links unterhalb des Bildes.

Dann laden Sie weitere Bilder hoch, bis zur maximalen Anzahl von vier Bildern.

Vier einzelne Bilder wurden von Twitter zu einer attraktiven Bildergalerie angeordnet.

Wenn Sie möchten, können Sie die Bilder auch noch einmal bearbeiten, zum Beispiel um ein Detail hervorzuheben oder etwas abzuschneiden.

Keine Gedanken müssen Sie sich dabei über Größenverhältnisse machen, denn Twitter vermengt unterschiedliche Formate, wenn sie keine extremen Unterschiede haben, ohne Probleme.

In der Regel genügt es, einen kleinen Text hinzuzufügen und den Tweet abzusenden.

Die Bilderserie wurde mit einem kleinen Text garniert und abgesendet.

9.4 Bildbeschreibungen hinzufügen

Bildbeschreibungen helfen, Bilder für alle zugänglich zu machen, auch für sehbehinderte und blinde Userinnen und User. Natürlich können Sie zu jedem Bild auch im ganz normalen Tweet-Text eine Bildbeschreibung hinzufügen.

Diese Methode ist besser als nichts, hat aber folgende Nachteile:

- Bei vielen humorvollen Bildern geht mit der Beschreibung der Reiz flöten.
- Die Bildbeschreibung kostet Platz.
- Bei Bilderserien können die Beschreibungen nur schwer den einzelnen Bildern zugeordnet werden.
- Sehbehinderte und blinde User verwenden spezielle Bildschirmleseprogramme. Diese Programme können die von Twitter vorgegebene Bildbeschreibungsfunktion besser interpretieren als eine Bildbeschreibung im Text.

Bildbeschreibung für bewegte Bilder

Videos und GIF-Animationen ergänzen Sie am besten mit einigen einleitenden Worten. Beispiel: »Im Video seht ihr die Cheops-Pyramide, die älteste und größte der drei Pyramiden von Gizeh.«

Bildbeschreibung auf Android-Smartphones hinzufügen

Auf neueren Smartphones ist die Bildbeschreibungsfunktion bereits aktiviert. Falls Sie ein etwas älteres Gerät beziehungsweise eine ältere Android-Version verwenden, müssen Sie die Funktion aber möglicherweise manuell freischalten.

So aktivieren Sie die Bildbeschreibungsfunktion in Android:

1. Öffnen Sie die Navigation.
2. Tippen Sie auf *Einstellungen und Datenschutz*.
3. Entscheiden Sie sich dann für *Barrierefreiheit*.
4. Setzen Sie bei *Sehvermögen* ein Häkchen in die Box hinter *Bildbeschreibungen verfassen*.

Damit ist die Funktion zum Beschreiben von Bildern aktiviert. Ab jetzt können und sollten Sie jedes Bild mit Ihren Beschreibungen ergänzen.

Die Vorgehensweise:

1. Verfassen Sie ganz normal Ihren Tweet.
2. Fügen Sie eines oder mehrere (bis zu vier) Bilder in den Tweet ein.
3. Unterhalb des Bildes sehen Sie nun eine schmale Leiste mit dem Text *Bildbeschreibung hinzufügen*.
4. Tippen Sie auf die schmale Leiste.
5. Fügen Sie zu jedem Bild eine Beschreibung hinzu. Sie haben dafür ausreichend Platz, nämlich bis zu 1.000 Zeichen pro Beschreibung. Üblich ist es aber nicht, diese Kapazität voll auszuschöpfen.
6. Veröffentlichen Sie den Tweet.

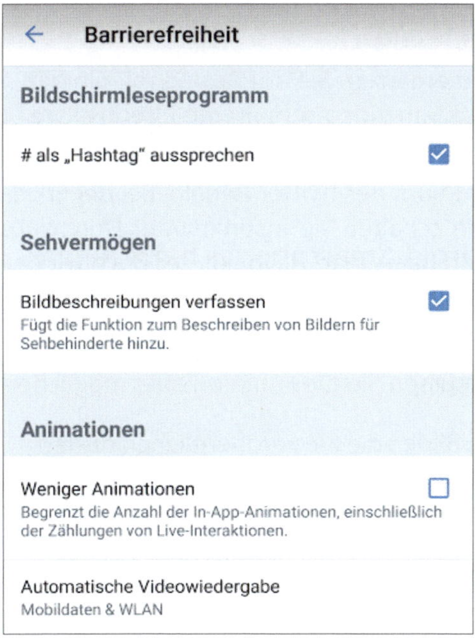

Das Häkchen in der Checkbox »Bildbeschreibung verfassen« aktiviert die Funktion zur Beschreibung von Bildern für blinde und sehbehinderte User.

Bildbeschreibung mit dem iPhone hinzufügen

Auch für das iPhone gilt: Möglicherweise müssen Sie auf älteren Modellen die Funktion der Bildbeschreibung zuerst manuell freischalten.

Die Vorgehensweise:

1. Tippen Sie im oberen Menü auf Ihr Profil Symbol.
2. Wählen Sie dann *Einstellungen und Datenschutz.*
3. Tippen Sie bei Allgemein auf *Barrierefreiheit.*
4. Aktivieren Sie die Funktion *Bildbeschreibungen* mit dem Schieberegler.

9.5 Urheber- und Persönlichkeitsrechte beachten

Auf Twitter herrscht ein – gelinde gesagt – sehr unbefangener Umgang mit Bildern. Kein Wunder, denn die meisten User sind weder Juristen, noch haben sie Lust auf das Studium der Twitter-Regeln. Bei der Erklärung irgendwelcher Paragrafen schalten sie instinktiv auf Durchzug. Sie sind da keine Ausnahme und haarscharf davor, dieses Buch wieder zuzuklappen? Okay, verstanden! Sie sollen jetzt nur mit der absoluten Minimalversion dieses leidigen Themas belästigt werden.

Es gibt drei Kategorien von Bildern:

- **Unproblematische Bilder:** Bilder, die Sie veröffentlichen dürfen.
- **Grauzonen-Bilder:** Bilder, für die Sie eine Veröffentlichung abwägen sollten.
- **Tabu-Bilder:** Bilder, die Sie auf keinen Fall veröffentlichen dürfen.

Urheberrecht, Fotograf und fotografierte Person

Wenn Sie sich selbst fotografiert haben, sind Sie natürlich auch der Urheber des Bildes und haben alle Bildrechte. Ansonsten gilt aber: Nicht die fotografierte Person hat die Urheberrechte, sondern der Fotograf. Ein Beispiel: Wenn Sie einen Politiker fotografieren, der auf einem Marktplatz eine Rede hält, sind Sie zum Urheber geworden. Dabei spielt es keine Rolle, ob Sie beruflich oder aus Lust und Laune fotografieren. Auch die Qualität des Bildes ist für das Urheberrecht völlig unerheblich.

Unproblematische Bilder

- Landschafts- und Naturbilder.
- Alle Tiere, denen Sie in freier Wildbahn begegnen. Seien Sie aber vorsichtig bei Nahaufnahmen von Löwen, Krokodilen oder Skorpionen. Es könnte Ihr letztes Bild sein.

- Öffentliche Gebäude von außen, Straßen und Plätze, Fahrzeuge ohne Nummernschild.
- Firmengebäude von außen.
- Flugzeuge, Eisenbahnen und große Schiffe.
- Sehenswürdigkeiten von außen (solange dies nicht ausdrücklich verboten ist).
- Menschenmengen, wenn keine einzelnen Menschen erkennbar sind.
- Menschen, die sich als Künstler, Sportler oder Politiker auf Bühnen präsentieren. Achten Sie aber darauf, ob der Veranstalter Bildaufnahmen duldet. Bei manchen Konzerten ist dies nicht der Fall.
- Sie selbst in Ihrer privaten Wohnung und Umgebung.

Diese Möglichkeiten haben Sie, um Bilder rechtskonform zu veröffentlichen:

- Personen oder Kfz-Kennzeichen unkenntlich machen, zum Beispiel durch Verpixelungen oder Sticker.
- Den Bildausschnitt so wählen, dass keine Personen sichtbar sind.
- Die Erlaubnis zur Veröffentlichung von Personen einholen.

Grauzonen-Bilder

Für diese Bilder müssen Sie entweder noch einmal nachfragen, oder Sie nutzen eine Methode, die sich ganz einfach in der Praxis durchgesetzt hat.

Ein Beispiel: der »Bilderklau« mit Verlinkung auf die Bildquelle im selben Tweet. Bedenken Sie aber dabei, dass Sie leicht in eine Falle tappen können, sobald sich die Rechtspraxis ändert.

In jedem Fall gilt: Der Autor dieses Buches und der Markt+Technik Verlag können dafür in keiner Weise haftbar gemacht werden. Falls Sie jetzt ein mulmiges Gefühl haben, verwenden Sie diese Bilder nicht!

- Screenshots aus dem Internet mit Verlinkung zur Quellseite. Dies wird oft so gehandhabt, obwohl es eigentlich nicht erlaubt ist.
- Innenräume öffentlicher Gebäude.
- Innenräume privater Gebäude, zum Beispiel einem Hotelzimmer.
- Bilder von Ihrem Arbeitsplatz.

Kfz-Kennzeichen

Autos haben zwar keine Persönlichkeitsrechte, aber über das Kennzeichen können unter Umständen Rückschlüsse auf den Besitzer gezogen werden. Die Juristen sind sich daher nicht einig, ob Kfz-Kennzeichen zu den personenbezogenen Daten gehören oder nicht.

In der Praxis heißt das: Bei einem Streitfall entscheidet das Gericht darüber, ob mit dem Bild, auf dem ein Kfz-Kennzeichen zu sehen ist, gegen den Datenschutz verstoßen wurde. Wenn Sie auf der sicheren Seite sein möchten, machen Sie die Nummer unkenntlich.

Tabu-Bilder

Diese Bilder dürfen Sie auf keinen Fall veröffentlichen:

- Bilder, auf denen Privatpersonen abgebildet sind, wenn diese beispielsweise klar erkennbar sind. Sie würden damit, sofern Sie keine Erlaubnis der Betreffenden besitzen, gegen deren Persönlichkeitsrechte verstoßen.
- Bilder von Bilderbörsen (wie beispielsweise *iStockphoto* oder *Adobe Stock*), wenn Sie dafür keine Lizenz besitzen.
- Bilder, die von anderen Usern fotografiert und veröffentlicht wurden. Beispiel: Ein Twitterer hat ein originelles Bild von einem drolligen Hund fotografiert. Es ist tabu, von diesem Bild einen Screenshot anzufertigen und das Bild dann in einem eigenen Tweet zu verwenden.

Intime Bilder

Twitter gestattet, dass Sie intime Aufnahmen von sich selbst veröffentlichen. Niemals dürfen Sie allerdings intime Fotos oder Videos von anderen Personen ohne deren Zustimmung aufnehmen oder gar verbreiten. Solche Bilder dürfen Sie auch nicht teilen! Sie würden damit nicht nur gegen die Twitter-Regeln verstoßen, sondern könnten auch nach dem deutschen Strafrecht belangt werden. Ebenfalls strikt verboten ist es, unaufgefordert intime Bilder in einer Boardmail zu versenden.

Falls Sie sich von unaufgefordert versendeten Nacktbildern in Boardmails belästigt fühlen, können Sie sich auf zwei Arten wehren: mit einer Meldung bei Twitter und einer Anzeige bei der Polizei.

10. Videos einfügen und live senden

Sie haben drei Möglichkeiten, um Videos zu einem Tweet hinzuzufügen:

- Ein Video mit einem Link einbetten.
- Ein Video auf Twitter hochladen.
- Ein Video live senden.

10.1 Ein Video mit einem Link einbetten

Für die Betrachter spielt die Quelle eines Videos nur eine geringe Rolle. Es ist daher völlig unproblematisch, wenn Sie ein Video nicht auf Twitter hochladen, sondern über einen Link einbetten. Twitter spielt verlinkte Inhalte ab, sobald der User auf den Play-Knopf drückt.

Die möglichen Videoquellen lassen sich ganz grob in drei Kategorien einteilen:

- **YouTube**, die wichtigste Videoplattform des Internets.
- Andere Videoplattformen, zum Beispiel **Vimeo**.
- Eine Webseite, zum Beispiel ein **WordPress**-Blog.

Die häufigste Quellseite ist YouTube, und wahrscheinlich finden Sie dort auch genügend Material zur Anreicherung Ihrer Tweets.

> **Vorteil der Verlinkung**
> Bei einer Verlinkung spielt es keine Rolle, ob Sie das Video selbst gedreht und auf YouTube platziert haben, oder ob Sie sich an fremdem Material bedienen.

Mal angenommen, Sie werden aus irgendeinem Grund zu einer Fließband-Tätigkeit gezwungen. Dann wäre es bestimmt passend, Ihre Leiden mit einer Fabrikszene aus Charlie Chaplins Klassiker »Modern Times« (Moderne Zeiten) zu garnieren. Gehen Sie dazu zunächst auf YouTube und geben Sie Folgendes in die YouTube-Suche ein: »charlie chaplin - factory scene - modern times«.

Damit gelangen Sie zu folgendem Clip:

Einbettung eines YouTube-Clips in einen Tweet

Das Video haben Sie gefunden und Sie sind auch bei Twitter eingeloggt? Gut, dann heißt es jetzt, Charlie Chaplin in den Tweet einzubetten. Klicken Sie dazu unterhalb des Videos auf den kleinen Pfeil bei *Teilen*.

Nun öffnet sich auf YouTube ein Fenster mit diesen Elementen:

- Eine Leiste mit diversen Icons.
- Ein Feld mit einem Code, dahinter steht *Kopieren*.
- Ein leeres Kästchen, eine sogenannte Checkbox. Dahinter steht *Starten bei*.

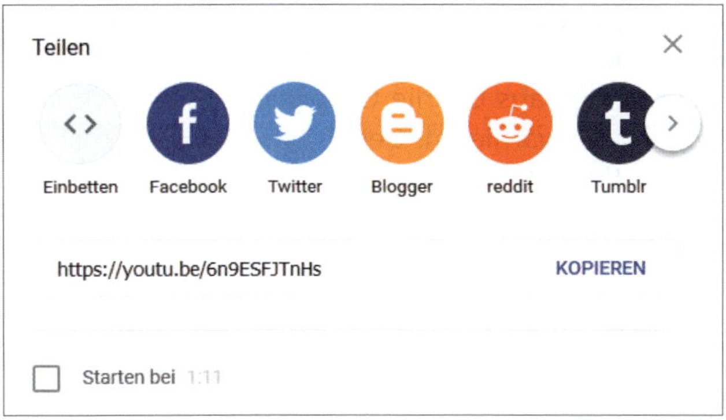

Abrufen der Internetadresse des Videoclips

Sie möchten, dass Ihre Follower das Video von Anfang an betrachten? Dann lassen Sie die Checkbox leer, kopieren den Code und fügen ihn dann bei Twitter ein.

Ein eingebettetes Video zu einem bestimmten Zeitpunkt starten

Vielleicht hat der Clip aber auch eine ganz bestimmte Stelle, auf die Sie anspielen möchten? Dann haben Sie diese Möglichkeiten:

- Ihre User im Text darauf aufmerksam machen, zum Beispiel so: »Schaut unbedingt bis 1:11, da kommt das Beste.«
- In YouTube bei der besagten Szene den Clip anhalten und die Checkbox aktivieren. Dann fügt YouTube nämlich einen Startzeitpunkt in den Code ein, erkennbar an einem Anhang wie beispielsweise t=111. Wenn Sie diesen »verlängerten« Code kopieren und in Ihren Tweet einfügen, startet der Clip zum gewünschten Zeitpunkt.

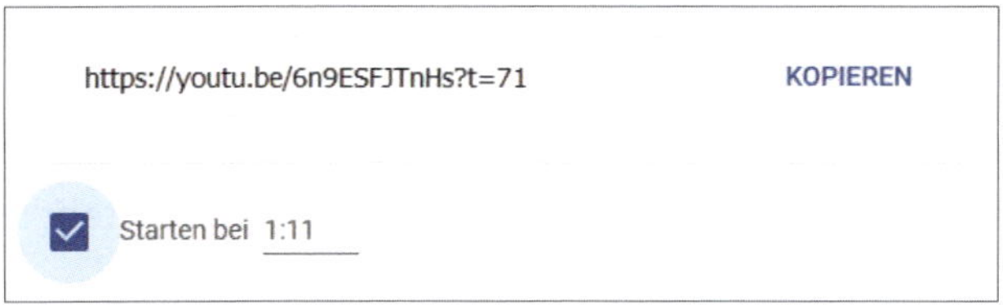

Auf Inhalte eines Clips hinweisen

Auf Twitter werden sehr viele YouTube-Clips eingebettet, was zu einem gewissen Gewöhnungseffekt geführt hat. Fügen Sie deshalb immer ein paar einleitende Worte zum Video hinzu.

Beispiel: »Der Schwiegervater hat drei Ikea-Regale gekauft und die Packungen mit 180 Schrauben in einen Eimer geschüttet. Habe jetzt alles wieder sortiert. Meinen Geisteszustand seht ihr im Video.«

10.2 Ein Video auf Twitter hochladen

So, wie Sie ein eigenes Bild auf Twitter veröffentlichen, können Sie auch ein selbst gedrehtes Video präsentieren. In der Regel haben Sie Ihre Clips mit dem Smartphone gedreht und sie befinden sich direkt auf dem Gerät oder in einer Cloud.

Solche Videos bringen Sie sehr einfach auf Twitter. Dabei spielt es keine Rolle, ob Sie ein Android-Gerät oder ein iPhone verwenden. Wichtig ist nur, dass Sie die Twitter-App darauf installiert haben. Eine zusätzliche Video-App benötigen Sie nicht.

Die einzelnen Schritte:

1. Öffnen Sie auf Ihrem Smartphone die Übersicht Ihrer Clips.
2. Tippen Sie auf denjenigen Clip, den Sie veröffentlichen möchten. Pro Tweet können Sie zwar bis zu vier Fotos einfügen, aber nur einen einzigen Videoclip.
3. Unterhalb des Clips finden Sie das Icon mit dem blauen Twitter-Vögelchen. Tippen Sie darauf, um den Clip an Twitter zu schicken. Sie gelangen nun in das Tweet-Eingabefenster von Twitter.
4. Fügen Sie auf Twitter noch ein paar erklärende Worte zum Video hinzu.
5. Senden Sie den Tweet ab.

10.3 Ein Video live senden

Für die Live-Sendung eines Videos brauchen Sie ein bisschen Mut. Sie können den Clip zwar später wieder löschen, aber was Sie Ihrem Live-Publikum gezeigt haben, ist nun einmal so in der Realität und auf Twitter passiert.

Das Smartphone zeigt die Kameraperspektive.

Für Ihre erste Live-Übertragung gehen Sie in das Tweet-Eingabefenster. Geben Sie aber keinen Text ein, sondern tippen Sie unten auf das Symbol mit dem kleinen Fotoapparat. Sie sehen dann auf Ihrem Smartphone die Kameraperspektive. Im oberen Menü wählen Sie zwischen der Front- und der Rückkamera Ihres Smartphones aus.

Im unteren Menü haben Sie diese drei Optionen:

- *VIDEO*
- *ERFASSEN*
- *LIVE*

Tippen Sie auf *LIVE*.

Das erste Live-Video: optional noch Gäste einladen und dann live gehen

Vor der Sendung haben Sie noch die Möglichkeit, auf dieses besondere Ereignis aufmerksam zu machen. Tippen Sie dazu im unteren Drittel des Displays auf *Gäste einladen*. Anschließend finden Sie eine Liste mit Ihren Followern. Setzen Sie einen Haken hinter jedem User, den Sie persönlich einladen möchten. Twitter sendet dann an alle von Ihnen Ausgewählten eine Boardmail. Empfehlenswert ist die extra Einladung allerdings erst, wenn Sie schon ein bisschen Routine in der Live-Übertragung gewonnen haben. Der erste Clip geht in der Regel schief.

Um die Übertragung zu starten, tippen Sie auf den großen Button *Gehe LIVE*.

Twitter sendet live.

Die Live-Übertragung ist gestartet. Nun können Sie loslegen und das Smartphone auf interessante Motive richten. Nehmen Sie aber Rücksicht auf Personen, die sich gerade zufällig in Ihrer Nähe befinden. Diese dürfen Sie nicht ohne deren Zustimmung auf Twitter zeigen. Aufnahmen von Tieren können Sie dagegen ohne besondere Rücksprache veröffentlichen.

Das Live-Video stoppen

Das Live-Video stoppen

Sie sind kurz davor, irgendwelche Peinlichkeiten zu offenbaren? Es befinden sich schmutziges Geschirr, halbleere Whisky-Flaschen oder als

Liebesspielzeug identifizierbare Gerätschaften in gefährlicher Nähe der Kamera? Dann tippen Sie entschlossen auf *Live-Video stoppen* und beenden damit die Premiere.

Video nachbearbeiten

Nach dem Ende der Live-Sendung wird das Video permanent auf Twitter gespeichert. Zuvor können Sie noch einige Bearbeitungen vornehmen und zum Beispiel eine Szene am Anfang oder Ende wegschneiden.

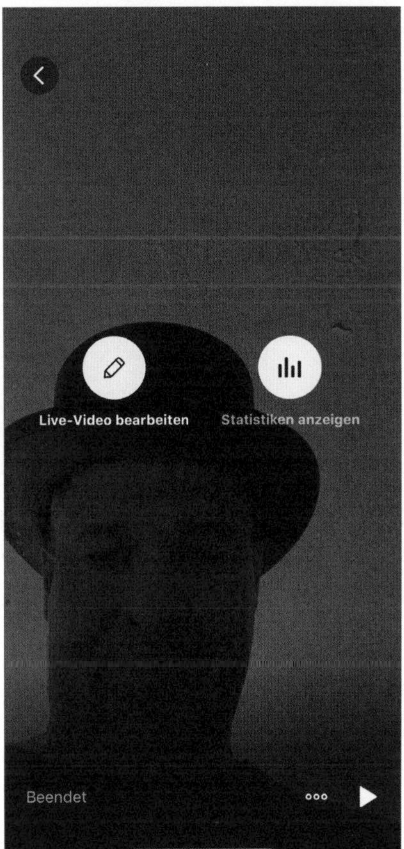

Das eben live gesendete Video kann vor der Speicherung auf Twitter noch nachbearbeitet werden.

Tippen Sie dazu auf *Live-Video bearbeiten*. Rechts daneben finden Sie den Button *Statistiken anzeigen*. Falls Sie noch relativ neu auf Twitter sind, wird es hier noch etwas mager aussehen. Das heißt aber nicht, dass Sie Ihr Video nur für eine Handvoll User gedreht haben. Der Clip bleibt für weitere Zuschauer in Ihrer Timeline erhalten.

Wenn das Live-Video gut gelungen ist, sollten Sie eine Ausnahme von der Regel machen, sich nicht selbst zu retweeten. Fügen Sie dann aber ein paar erläuternde Zeilen hinzu. Beispiel: »Falls ihr bei meinem ersten Live-Video nicht dabei wart, hier ist es noch mal in aller Pracht.«

Das Live-Video wird nach der Sendung und der optionalen Nachbearbeitung in der Timeline gespeichert

Nach der Sendung und der optionalen Nachbearbeitung befindet sich das Video in Ihrer Timeline. Es kann damit auch von den Userinnen und Usern betrachtet werden, die die Live-Sendung verpasst haben.

Sie haben aber auch die Möglichkeit, das gesamte Video jederzeit wieder zu löschen. Falls Sie mit Ihrem ersten Clip unzufrieden sind, entfernen Sie den Clip und drehen die Szene noch mal. Wie das Löschen von Tweets funktioniert, erfahren Sie im nächsten Kapitel.

11. Die Twitter-Tricks der Profis

Nun haben Sie die wichtigsten Twitter-Funktionen kennengelernt und sind souverän im Umgang mit Bildern und Videos. In diesem Kapitel lernen Sie die Tricks der Profis kennen.

Was allerdings auch routinierten Usern passiert: missglückte Tweets. In 99 % aller Fälle bemerken Sie so ein Malheur sofort nach dem Klick auf den *Senden*-Button. Dann heißt es, den peinlichen Tweet schnell wieder zu löschen.

Tweets nachbearbeiten?

Viele Userinnen und User beklagen sich immer wieder, dass sie ihre einmal abgesendeten Tweets nicht mehr nachbearbeiten können. Doch beim Betreiber von Twitter stoßen sie damit auf taube Ohren.

Es gilt nach wie vor: Was einmal abgeschickt wurde, lässt sich nicht mehr editieren. Es bleiben nur zwei Alternativen: Augen zu und durch oder das Löschen eines Tweets.

11.1 Tweets löschen

Aus diversen Gründen passiert es immer mal wieder, dass Ihnen – wie allen anderen Twitterern auch – ein gründlich missratener Tweet in die Timeline gelangt:

- Sie haben etwas getippt, was von Ihren Followern missverstanden wird.
- Sie haben ein peinliches Bild hinzugefügt.
- Sie haben sich vertippt.
- Die Autokorrektur hat zugeschlagen.

Die Autokorrektur hat zugeschlagen: Aus »elegant« wurde »Elefant«.

Im obigen Beispiel hat die Autokorrektur aus »elegant« einen Elefanten gemacht. Da hilft nur eines: den Tweet löschen und dann noch einmal verfassen. Zum Löschen klicken Sie im Tweet-Fenster oben rechts auf das kleine Häkchen und wählen aus dem aufklappenden Menü den Punkt *Löschen*.

Mit einem Klick auf die kleine Mülltonne ist der Tweet gelöscht und das Malheur beseitigt.

Nach dem Klick auf die kleine Mülltonne erhalten Sie von Twitter diese Warnmeldung:

»Tweet löschen? Das kann nicht rückgängig gemacht werden und er wird aus deinem Profil, der Timeline aller Accounts, die dir folgen, und den Twitter-Suchergebnissen entfernt.«

Was so bedrohlich klingt, ist völlig harmlos. Wo vorher Ihr Tweet war, wird jetzt ganz einfach nichts mehr oder nur ein Hinweis auf einen gelöschten Tweet angezeigt. Klicken Sie also beherzt auf *Löschen*.

Missratene Tweets schnell löschen

Ein kleiner Tipp: Je schneller Sie die Löschaktion durchführen, desto geringer ist die Gefahr, dass die Peinlichkeit an die große Glocke gehängt wird. Ein Problem haben Sie nämlich dann, wenn jemand einen Screenshot von Ihrem verhunzten Tweet angefertigt hat, also eine Speicherung von dem, was gerade auf dem Bildschirm des Computers oder dem Display eines Smartphones angezeigt wird.

Den Tweet selbst können Sie zwar jederzeit löschen, aber über den Screenshot, den irgendjemand davon angefertigt hat, haben Sie keine Kontrolle.

Das heißt konkret: Es besteht die Gefahr, dass das Bild Ihres Tweets bei Twitter wieder erscheint, und nicht nur da. Wird ein Screenshot auch auf anderen Plattformen verbreitet, bekommen Sie ihn nie wieder aus dem Internet.

11.2 Screenshots selbst anfertigen

Sie können den Spieß aber auch umdrehen. Manche »Tweet-Katastrophen« sind einfach zu gut, um sie der Nachwelt vorzuenthalten. Was aber, wenn der Autor seinen peinlichen Tweet wieder löscht? Dann nützt es Ihnen nichts, wenn Sie den besagten Tweet retweetet hatten. Auch aus Ihrem Retweet ist das Bonmot nach einer Löschung nämlich ebenfalls verschwunden.

Was gegen das Verschwinden hilft? Ein Screenshot Ihrerseits. Und so wird er gemacht.

- **Auf dem Windows-Computer:** Klicken Sie entweder auf die [⊞]-Taste auf Ihrer Tastatur oder links unten auf das Windows-Icon auf dem Bildschirm. Öffnen Sie dann im aufklappenden Menüpunkt das *Ausschneiden und skizzieren*-Werkzeug. Damit können Sie mit der Maus einen Rahmen um den Tweet ziehen und dann den Screenshot als Bilddatei auf der Festplatte Ihres Computers abspeichern.
- **Auf dem Android-Smartphone:** Je nach Modell müssen Sie gleichzeitig auf bestimmte Stellen der Tasten an der Seite Ihres Smartphones drücken. Auf neueren Samsung-Smartphones drücken Sie

dazu gleichzeitig auf die Power- und Lautstärke-Taste. Bei älteren Modellen klicken Sie gleichzeitig auf den Home-Button am unteren Ende des Displays und auf den Einschaltknopf an der Seite des Gerätes.

- **Auf dem iPhone:** Bei den neueren Modellen drücken Sie gleichzeitig auf den Power-Button rechts und den Lautstärke-Button links am Gehäuse. Bei älteren Modellen drücken Sie gleichzeitig den Power-Button und den Home-Button.

Einen Screenshot tweeten

Den Screenshot können Sie dann als Bild in einen Ihrer Tweets einfügen. Rechnen Sie aber damit, dass die Autorin oder der Autor des Tweets davon nicht begeistert sein wird. Und setzen Sie dieses Instrument nicht ein, ohne weitere Folgen abzuwägen. Wechseln Sie die Perspektive und denken Sie daran, dass niemand einen abgesendeten Tweet ohne Grund wieder löscht.

11.3 Einen Tweet ans Profil heften

Sie haben einen Tweet verfasst, der Ihnen so richtig gut gefällt? Gründe dafür gibt es viele:

- Der Tweet sagt viel über Sie aus. Er ist charakteristisch für Ihren Account.
- Der Tweet enthält ein schönes Bild von Ihrem Haustier.
- Der Tweet enthält ein schönes Video.
- Der Tweet enthält einen Link auf eine Webseite, die Ihnen am Herzen liegt. Das kann auch Ihre eigene Webseite sein.
- Der Tweet enthält Informationen und einen Link zu einem Projekt, das Sie dezent bewerben möchten. Beispiel: Sie möchten einen Film über Crowdfunding finanzieren.
- Der Tweet hat viele Likes, Retweets und Kommentare gewonnen.

Sie möchten nicht, dass dieser Tweet wieder in der Versenkung verschwindet, sich aber auch nicht ständig selbst retweeten? Dann heften Sie den Tweet an!

Wenn Sie einem solchen Schmuckstück einen Ehrenplatz geben möchten, dann heften Sie ihn an Ihre Profilseite. Damit wird er allen Besucherinnen und Besuchern Ihres Profils angezeigt.

So funktioniert das Anheften:

1. Wählen Sie den betreffenden Tweet aus – oder erstellen Sie jetzt Ihren charakteristischen Tweet neu und senden Sie ihn wie gewöhnlich ab.
2. Klicken Sie im Tweet-Fenster oben rechts auf den kleinen Pfeil.
3. Wählen Sie aus dem Drop-down-Menü den Punkt mit dem Reißnagel aus: *An dein Profil anheften*.

Ein besonderer Tweet wird zum Anheften ausgewählt.

Probieren Sie die Funktion einfach mal aus. Falls Ihnen das Bild gefällt, lassen Sie es so.

Der Tweet wird ans Profil angeheftet.

Einen angehefteten Tweet können Sie jederzeit wieder vom Profil entfernen. Klicken Sie dazu auf den angehefteten Tweet und wählen Sie dann aus dem Drop-down-Menü den Eintrag *Vom Profil abheften*. Achtung: Verwechseln Sie das Abheften nicht mit dem Löschen! Mit Letzterem wäre Ihr Tweet von Twitter endgültig verschwunden.

Ein angehefteter Tweet lässt sich jederzeit wieder schnell abheften.

> **Gelöscht heißt gelöscht**
> Was auf Ihrem Computer und Ihrem Smartphone funktioniert, nämlich das Wiederherstellen gelöschter Dateien aus dem Papierkorb, gilt auf Twitter leider nicht. Ein von Ihnen wieder gelöschter Tweet ist und bleibt für immer verschwunden.

11.4 Links in einen Tweet einfügen

In den hitzigen Debatten über heiße Eisen werden Sie früher oder später in folgende Situation geraten: Sie twittern irgendeinen Fakt und Ihr Gegenüber unterstellt Ihnen, dass Sie das nur erfunden oder irgendwo in dubiosen Ecken des Internets aufgeschnappt hätten. Und Sie werden dazu aufgefordert, Ihren Tweet zu belegen.

Links als Quellenangabe

Sie könnten jetzt theoretisch einen kleinen, erläuternden Text kopieren und einfügen. Zweckmäßiger ist aber ein Link, denn erstens haben Sie auf Twitter wenig Platz, zweitens wollen Sie ja Ihre Aussage mit einer möglichst neutralen Quelle belegen, beispielsweise der entsprechenden Seite auf dem allseits bekannten Onlinelexikon Wikipedia. Die Verlinkung funktioniert sowohl auf dem Computer als auch auf dem Smartphone.

Die Behauptung im Tweet ist mit einem Link auf die entsprechende Wikipedia-Seite unterfüttert.

Verlinkung auf dem Computer

1. Surfen Sie auf die entsprechende Quellseite, zum Beispiel einer Seite der Wikipedia.
2. Klicken Sie oben in die Adresszeile Ihres Browsers (zum Beispiel Firefox, Safari oder Edge).

Die Adresszeile des Browsers zeigt die URL, also die Adresse einer Webseite.

3. Markieren Sie die gesamte URL, also den ganzen Rattenschwanz, beispielsweise https://de.wikipedia.org/wiki/keks. Das funktioniert mit der Tastenkombination Strg+A.
4. Kopieren Sie die URL in die Zwischenablage Ihres Computers. Das funktioniert mit der Tastenkombination Strg+C.
5. Gehen Sie zu Twitter und öffnen Sie das Fenster zur Erstellung Ihres Tweets.
6. Verfassen Sie den ganz normalen Tweet-Text.
7. Fügen Sie den Link ein. Das funktioniert mit der Tastenkombination Strg+V. Twitter hebt den Link farblich vom übrigen Text ab.
8. Senden Sie den Tweet ab.
9. Kontrollieren Sie sofort, ob der Link auch funktioniert. Gegebenenfalls löschen Sie den Tweet oder reichen den Link zumindest nach, indem Sie Ihren eigenen Tweet beantworten.

Verlinkung auf dem Smartphone

Der Trick mit der Zwischenablage funktioniert auch mit dem Smartphone:

1. Klicken Sie auf die Quellseite.
2. Markieren Sie die URL durch ein etwas längeres Antippen und kopieren Sie sie in die Zwischenablage Ihres Smartphones. Dabei ist etwas Fingerspitzengefühl nötig. Diese Methode funktioniert übrigens auch mit einem kleinen Text auf einer Webseite oder in einer E-Mail

oder WhatsApp. Wählen Sie aber die URL, wenn Sie eine Aussage unkompliziert belegen möchten.

3. Wechseln Sie zu Twitter.
4. Gehen Sie in das Tweet-Eingabefenster.
5. Tippen Sie an die Stelle, an der Sie den Link einfügen möchten.
6. Tippen Sie mit dem Finger etwas länger. Warten Sie, bis die Schaltfläche *Einfügen* eingeblendet wird.
7. Tippen Sie auf die Schaltfläche *Einfügen*.
8. Twitter fügt den Link nun ein und hebt ihn farblich vom übrigen Text ab.
9. Senden Sie den Tweet ab.

Kontrollieren Sie sofort, ob der Link auch funktioniert. Gegebenenfalls löschen Sie den Tweet oder reichen den Link zumindest nach, indem Sie Ihren eigenen Tweet beantworten.

11.5 Den Namen ändern

Wie in Kapitel 2.3 dieses Buches bereits erwähnt, besteht ein Twitter-Name wie beispielsweise *ichmagkekse@kruemelmanager* aus zwei Teilen:

- **Profilname:** *ichmagkekse*
- **Nutzername:** *@kruemelmanager*

Der Name setzt sich im Beispiel aus dem Profilnamen ichmagkekse und dem Nutzernamen @kruemelmanager zusammen.

Profilname ändern

Beide Namensteile lassen sich ändern, allerdings separat. Die leichtere Angelegenheit ist die Änderung des Profilnamens. Klicken Sie dazu auf *Profil* und dann auf *Profil bearbeiten*.

Der alte Name wird komplett angezeigt.

Angezeigt wird nun Ihr gesamter Name und nicht nur Ihr Profilname. Lassen Sie sich davon aber nicht verwirren, sondern geben Sie Ihren neuen Profilnamen in die Namenszeile ein.

Der neue Profilname »keks« wurde eingegeben.

Beispiel:

- **Alter Profilname:** *ichmagkeske*
- **Neuer Profilname:** *keks*

Nach der Eingabe Ihres neuen Profilnamens klicken Sie sofort auf den Button *Speichern*.

Profilname überprüfen

Nach dem Speichern überprüfen Sie den Profilnamen. Vor dem @-Zeichen steht nun der neue Name.

Der neue Profilname »keks« wird angezeigt.

Änderung des Nutzernamens

Im Vergleich zur Änderung des Profilnamens ist die Änderung des Nutzernamens die kritischere Aktion. Ihr Nutzername – er wird auch als Twitter-Handle bezeichnet – ist nämlich ein Teil der URL, also der Internetadresse Ihres Profils. Wechseln Sie den Nutzernamen deshalb mit Bedacht und nicht allzu häufig.

Zur Änderung des Nutzernamens klicken Sie auf den Menüpunkt *Mehr* und navigieren dann auf *Account/Anmeldung und Sicherheit*. Dort sehen Sie Ihren bisherigen Nutzernamen.

Im Beispiel lautet er *@ichmagkeksekru1* und nicht wie ursprünglich eingegeben *@ichmagkekse*.

Leider verändert Twitter immer wieder eigenmächtig die von den Usern eingegebenen Nutzernamen. Ärgern Sie sich aber nicht allzu sehr über dieses Problem, denn mit der Änderung des Nutzernamens ist es ja behoben.

Anzeige des Nutzernamens

Eingabe des neuen Nutzernamens

Überschreiben Sie den alten Nutzernamen, im Beispiel wird *@ichmagkeksekru1* durch *@keksmischung* ersetzt. Das @-Zeichen müssen Sie hier nicht eingeben, es wird von Twitter automatisch hinzugefügt.

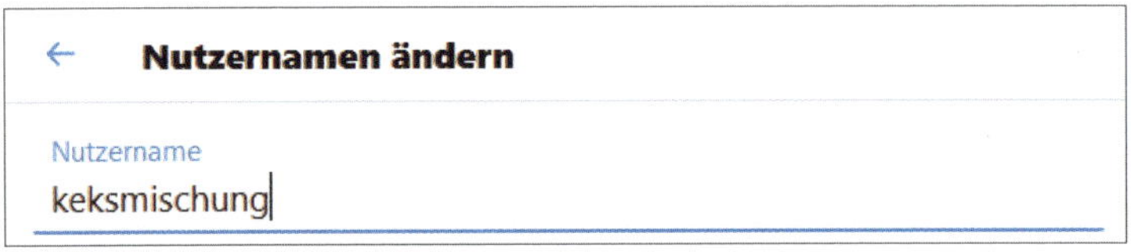

Der neue Nutzername wird eingegeben.

Endkontrolle des Namens

Anschließend klicken Sie wieder auf Ihr Profil und kontrollieren noch einmal das Gesamtergebnis Ihrer Umbenennung.

Im Beispiel ist dies: *keks@keksmischung*.

Profil- und Nutzername wurden geändert.

Aufruf der Profil-URL

Nun wird es Zeit für ein kleines Experiment. Öffnen Sie Ihren Browser und geben Sie oben in die Adresszeile Folgendes ein:

- https://twitter.com/nutzername

Den letzten Teil der URL, also *nutzername*, ersetzen Sie mit Ihrem Nutzernamen.

Beispiel:

- https://twitter.com/keksmischung

Die Profil-URL https://twitter.com/keksmischung kann direkt aufgerufen werden.

Sie können diese URL nutzen, um außerhalb von Twitter auf Ihre Twitter-Präsenz aufmerksam zu machen.

Beispiele:

- Verlinkung über WhatsApp.
- Verlinkung über E-Mails.

- Verlinkung über Webseiten.
- Verlinkung über andere Social-Media-Plattformen, zum Beispiel Facebook.

Führen Sie nun ein zweites Experiment durch und scrollen Sie ein bisschen durch Ihre Tweets. Wie Sie nun sehen, sind sämtliche Tweets mit Ihrem neuen Profilnamen und Ihrem neuen Nutzernamen versehen. Alle Reaktionen auf Ihre Tweets sind erhalten geblieben.

In sämtlichen Tweets erscheinen nun der neue Profilname und der neue Nutzername.

Namensänderung und neue Rolle

Sie können die Namensänderung auch nutzen, um Ihrer Twitter-Präsenz eine neue Rolle zuzuweisen. Wenn der Schwenk nicht allzu groß ist, werden Sie Ihre Follower behalten.

12. Kleine Twitter-o-Sophie

Jetzt sind Sie am Ende dieses kleinen Büchleins angelangt. Haben Sie sich schon auf Twitter akklimatisiert und sind Ihnen einige Follower ans Herz gewachsen? Dann sind Sie jetzt bereit für ein bisschen Twitter-o-Sophie.

Der Philosoph Heraklit – zu seiner Zeit hießen die Tweets noch »philosophische Sprüche« (Bildquelle: Wikipedia).

12.1 Das persönliche Twitter genießen

»Das« Twitter gibt es gar nicht. Twitter ist genau das, was Sie daraus für sich machen. Suchen Sie sich einfach die Zutaten heraus, die Ihnen am besten schmecken.

Es ist alles da:

- Alberne Sprüche
- Philosophische Sprüche
- Nachrichten
- Sport
- Stars und Sternchen
- Praktische Hilfe
- Persönliche Hilfe und Therapie
- Hunde, Katzen und andere Tiere
- Etwas Erotik oder ein bisschen mehr
- Mystik, Religion und Inspiration

Was für die Inhalte gilt, trifft auch für die Funktionen zu. Sie müssen nicht alles nutzen, was Twitter an Möglichkeiten anbietet. Und Sie können es auch gar nicht. Twitter rollt nämlich immer mal wieder einige Spielereien aus, aber nicht für alle.

Manche neuen Funktionen stehen nämlich zunächst nur für eine bestimmte Gruppe von Usern zur Verfügung, zum Beispiel:

- User in den USA.
- User, die ein Smartphone verwenden.
- Neue User.

Versuchen Sie nicht, alles auszuschöpfen, sondern konzentrieren Sie sich auf Ihre Interessen.

Sie fotografieren gerne? Dann erfreuen Sie Ihre Followerinnen und Follower mit schönen Bildern! Sie sind wegen Ihrer spitzen Zunge berühmt-berüchtigt? Dann sind gepfefferte Antworten und kommentierte Retweets Ihr Metier.

User als Versuchskaninchen

Twitter betrachtet uns, also Sie, mich und die anderen, auch gerne als Versuchskaninchen. Das heißt: Neue Funktionen werden bei einem Teil der Twitterer ausprobiert – und dann entweder übernommen oder heimlich, still und leise wieder abgeschafft.

Das heißt: Die Mühe, die Sie sich beim Anwenden einer neuen Funktion gemacht haben, kann auch vergeblich gewesen sein. Beißen Sie also nicht gleich in jeden Apfel.

12.2 Rollenspiel oder Authentizität?

Eine Rolle spielen oder twittern, wie der Schnabel gewachsen ist? Irgendwann werden Sie sich auf Twitter zwischen diesen beiden Wegen entscheiden müssen:

- **Eine Rolle spielen:** Sie bleiben in einer bestimmten Rolle und schaffen damit Distanz zu Ihrem Publikum.
- **Authentizität:** Sie twittern »ohne Geländer«. Sie lassen Ihre Followerschaft an persönlichen Dingen teilhaben, auch an Krisen, Krankheiten oder Schicksalsschlägen.

Beides hat seine Konsequenzen. Solange Sie in einer Rolle bleiben, zum Beispiel als Enthusiast für Ihr Hobby, riskieren Sie wenig. Sie können dann aber auch keine Hilfe bei persönlichen Problemen erwarten. Doch wenn Sie sich zu sehr öffnen, werden Sie auch verletzlich. Finden Sie selbst heraus, was Ihnen guttut und was nicht.

Falls Sie sich unwohl fühlen, haben Sie diese Möglichkeiten:

- Eine Twitter-Pause einlegen.
- Den Account schließen und einen neuen Account öffnen.

- Über einen Zweitaccount in einer anderen Rolle twittern, den alten Account aber behalten.
- Einen geschützten Account anlegen oder einen bestehenden Account in einen geschützten Account umwandeln.
- Ihren Twitter-Namen ändern und in einem anderen Schreibstil weitermachen.

Bei der letzten Methode schleppen Sie zwar einige Altlasten mit sich herum, ersparen sich aber den Aufbau einer neuer Followerschaft.

12.3 Die ungeschriebenen Gesetze achten

Das Schöne an Twitter sind die ungeschriebenen Gesetze. Die Gepflogenheiten, die sich im Laufe der Jahre dort etabliert haben.

Das gehört zur Twitter-Kultur:

- Gute Tweets werden retweetet, aber nicht geklaut.
- Die meisten Tweets sind mit Augenzwinkern verfasst.
- Auch kleine Accounts schreiben gute Tweets.
- Was anderen wichtig ist, verdient Respekt.
- Jeder gibt nur das preis, was er möchte.

12.4 Nicht in Wespennester hineinstechen

Es gibt einige Wespennester, in die Sie besser nicht hineinstechen sollten, wenn Sie sich den Spaß auf Twitter nicht verderben möchten.

- **Jugendliche belehren:** Jugendliche werden den ganzen Tag gemaßregelt. Von Eltern und Lehrern, die ihnen sagen, was sie zu tun und zu lassen haben. Da ist es nur zu verständlich, dass sie eine stabile Allergie gegen belehrende Tweets entwickeln. Sie fühlen sich im Recht? Versuchen Sie trotzdem nicht, Jugendliche mit irgendwelchen wohlfeilen Argumenten überzeugen zu wollen. Im besten Fall erhalten Sie kryptische Antworten, an deren Entzifferung Sie scheitern. Noch härter werden Sie getroffen, wenn Sie die Bedeutung der Antworten irgendwie ergoogelt haben. Der Inhalt wird Sie aller Wahrscheinlichkeit nach nicht sehr erfreuen.

- **Streitigkeiten lokal ausfechten:** Die Distanz von Twitter bietet auch einen Schutz. Wenn Sie in Nürnberg sitzen und sich mit jemandem aus Hannover zoffen, dann ist das zwar auch nicht erfreulich, aber Sie geraten damit nicht so leicht auf eine persönliche Ebene. Sie begegnen Ihren Kontrahenten nicht am Arbeitsplatz oder auf der Straße.
- **Frontalangriffe auf Unbekannte:** Userinnen und User, die sich über einen längeren Zeitpunkt gegenseitig folgen, entwickeln untereinander eine gewisse Sensibilität. Sie kennen und respektieren auch die wunden Punkte, die nun mal jeder Mensch so im Laufe des Lebens ansammelt. Anders verhält es sich bei Unbekannten. Schwierig wird es, wenn völlig Unbekannte in irgendeinem Streit gleich beim ersten Kontakt einen Frontalangriff fahren. Holen Sie, auch wenn Sie sich im Recht fühlen, nicht gleich die Axt hervor. Versuchen Sie, auch wenn es schwerfällt, zunächst die Perspektive Ihres Gegenübers einzunehmen.
- **Fanatiker missionieren:** Bei Fanatikern beißen Sie mit Missionierungen auf Granit. Werden Sie zum Stoiker, so wie der römische Kaiser und Philosoph Marc Aurel. Der schrieb zum Umgang mit schwierigen Menschen: *»Man muss sich beizeiten sagen: ich werde einem vorwitzigen, einem undankbaren, einem schmähsüchtigen, einem verschlagenen oder neidischen oder unverträglichen Menschen begegnen.«* Nehmen Sie die Menschen, wie sie sind. Aber beenden Sie den Kontakt, wenn es schmerzt.

Kleines Nachwort: Twitter-Liebe

Auf einem Kinderspielplatz geht es ungefähr so zu:

Beate rutscht vergnügt, Maximilian schaukelt verträumt. Lisa-Marie meckert, weil die Schaukel schon wieder besetzt ist. Lars und Ahmet buddeln zunächst friedlich im Sandkasten, hauen dann aber plötzlich mit ihren Schäufelchen aufeinander ein. Katja hat die höchste Sprosse des Klettergerüsts erklommen und strahlt mit der Sonne um die Wette. Ronja ist vom Karussellfahren schlecht. Valentin heult und will getröstet werden. Auf den Bänken am Rand sitzt die Aufsicht. Sie beobachtet die Szenerie und erteilt ab und zu Platzverweise.

Was das mit Twitter zu tun hat? Ganz einfach: Twitter ist der größte Erwachsenen-Spielplatz der Welt. Und das Grandiose ist: Sie müssen nicht auf den Spielplatz, Sie dürfen. Twitter drängt sich nicht auf. Twitter nimmt dem Internet nichts weg. Mit Twitter-Aktien macht niemand große Gewinne. In Twitter haben Einhörner ihr Zuhause. Ohne Twitter wäre das Internet trostlos. Und ja, Twitter ist auch ein Therapieersatz! Es ist ein Skandal, dass die Krankenkassen immer noch keine Prämien für Tweets ausschütten. Ohne Twitter hätten die Psychologinnen und Psychologen nämlich gar keine ruhige Minute mehr.

Es gibt so viele Gründe, Twitter zu lieben. Bleiben Sie Twitter treu ... und wenn Sie noch Fragen haben oder eine Weisheit oder einen Blödsinn loswerden möchten. Der Autor dieses Buches ist mehrmals täglich auf Twitter unterwegs: *twitter.com/be_schmitt.*

C

D

E

F

G

H

U

V